U0013124

suncolor
三采文化

渣男辨識術

脫「渣」必看！
42 種辨別「隱藏渣男」方法，
戀愛斷捨離

毒舌兩性專家／
最不能交往的渣男 一馬 著　甘為治 譯

1 渣男的6種模式解析

2

渣男都這樣撩女孩

3 渣男分手時的模樣

4 渣男會有的心機

5 渣男在社群上慣用的伎倆

6 渣男常出現的毛病

我是搖滾樂團的主唱，隸屬於「ReVision of Sence」樂團。不久前，我為了打響樂團知名度，開始經營社群平臺，在推特及YouTube上談論戀愛話題。當我對戀愛這個話題發表意見後，常常引起熱烈討論和共鳴，每天都會收到源源不絕的私訊，向我尋求感情方面的建議。

這些私訊絕大多數來自於一心想抓住浮木的女性。

「原本還交往得好好的，LINE突然就被封鎖，聯絡不上了。」
「前男友想盡各種理由要來我家，不知道怎麼拒絕。」
「我知道他只是想跟我上床、想要我的錢，但我就是無法分手。」

女性在戀愛上最常見的煩惱就是遇到「渣男」。雖然在我看來，這些渣男明明臉上就寫著「渣男」二字，但女性卻輕易就上當。

我先聲明，其實我自己也沒比渣男好到哪裡去。甚至在某些人眼中，我根本就是貨真價實的渣男，渣男中的渣男。一般人所說的「絕對不能交往的3B（美容師、調酒師、樂手）」其中之一就是樂手，而且我的確是愛看漂亮的女孩子、只要有空就想和女生出去玩、想對女生撒嬌，是個無可救藥的男人。

我一直很納悶，大家來找我這種人商量感情問題，究竟是抱著怎樣的期待。直到最近，我才搞清楚我的角色。

我想，或許每個人都希望有人對自己說：

「那個男的是個渣男，趕快分手吧，你們沒辦法走下去的！」或甚至是「這男的有可能是渣男，聽聽我這個專業渣男的意見吧！」

會想找人商量自己男朋友的事，代表妳一定隱隱約約察覺到有什麼不對勁。朋友或身邊的人可能會跟妳說「到頭來還是看妳想怎麼做」、「沒問題的，最後一定會苦盡甘來」，不想傷到妳，但妳也沒有傻到將這些話照單全收。因為妳無法狠下心分手，於是希望能有個自稱渣男的第三者蓋章認證妳男友是渣男……我應該沒說錯吧？

如果是這樣的話，沒有人比我更夠格了。

這樣說有點奇怪，長年身為渣男，我的確也看了很多在這個「業界」打滾的同行，因此我認為自己的渣男雷達準確度是很高的。

為了減輕自己的罪孽，如果由我來分析渣男，並分享同道中人才知道不被渣男欺騙的方法，也不算枉費渣男這個身分。這就是促成我動筆寫下這本書的原因。

為了避免引起誤會，我要先說明，這裡所說的「渣男」並非指大家常聽到的壞男人。舉例來說，想把女生灌醉帶上床的傢伙、對女友暴力相向的男人、已經結婚卻還三番兩次出軌的人等，不用多說絕對是壞人，我希望妳立即與這種人斷絕往來。

這本書所談論的「渣男」，是乍看之下溫柔體貼，適合交往的男人。

他以真命天子之姿出現在妳眼前，卻又像隻貓一樣，動不動搞失蹤。或者他在男女之間都很吃得開，交遊廣闊，偶爾才能和妳碰面，但又會傳各種甜言蜜語給妳。妳做飯給他吃的話，他還會留錢在桌上。

讓妳體會到戀愛有如坐雲霄飛車般的愉悅，當妳察覺時，早已深陷其中……就是因為散發出教人又愛又恨的魅力，所以這種男人非常棘手。

人在談戀愛時，本來就很容易變成渣男渣女。只有「你和我」的兩人世界裡，擁有的想法都非常主觀，但熱戀中的男女聽不進第三者的意見，甚至還可能發展成極為扭曲的關係。戀愛中的人或多或少都有些渣，而且我相信今後也還是會出現因為愛情而變成渣男渣女的人。

但我仍舊希望讓大家盡量對渣男多一點認識，並減少因渣男而傷心難過的人。我也想幫助因為戀愛而昏了頭的人，讓她們的渣男雷達正常運作。這是我身為渣男中的渣男所該盡的責任。

我將這本書獻給讀者，並祝福大家能夠與自己心愛的人在一起得到真正的幸福。

1

渣男的6種模式解析

模式1 渣男就像善變的貓

雖然一概以渣男稱呼，但世界上的渣男五花八門，可比酒吧裡的雞尾酒還多。

不過，整體來看，我認為渣男其實就和貓一樣。這樣講可能會引起愛貓人士抗議，但其實貓和渣男在讓別人受自己擺布這件事上都是個中高手。

小時候我家附近的阿姨養了一隻三色貓。

這隻三色貓的毛髮、花色美到不行，是這一帶的人氣貓。由於這隻貓很得寵，所以變得會看對象決定要讓誰抱、要吃誰餵的東西。

某天發生了一件事，讓我變得這輩子都不喜歡貓。

那一天，這隻三色貓大概是心情好吧，願意讓平時不給碰的人摸牠，給牠東西吃的話，牠也會邊叫邊吃掉。

在那之前從來沒摸過貓的我，也拜託那位阿姨「讓我抱一下。」阿姨還很仔細地教我要怎麼抱才不會讓貓咪不開心。等到我真的準備要抱時，沒想到貓咪朝我的眼睛上面抓了一下。

由於不曾看過這隻三色貓如此充滿攻擊性，一時之間我還搞不清楚發生了什麼事。但過了一會兒，眼皮上的血滴進了眼睛，使得我眼前一片通紅。那位阿姨驚慌得不得了，也不知道是不是因為驚嚇過頭了，她把蛋白塗在我的傷口當作應急處理。

在那之後，我總是謊稱自己會對貓過敏，去到的女生家裡如果有貓的話，也會請對方幫忙把貓隔開。

回到正題，渣男和貓的共通點就是善變。就算拿那隻貓來說，牠也不是因為恨我恨得牙癢癢才抓我的，就是沒來由地想抓而已。然而，被抓傷的那一方會永遠想要找出原因。

把妳耍得團團轉的渣男也一樣，沒有什麼特別的原因，只是妳剛好在對的時間出現了，他就跟妳在一起；妳告訴他妳喜歡他，於是他就跟妳玩一玩。正是這種善變造成了妳的煩惱，也導致了我眼皮被抓傷。

我確定自己沒做過惹那隻貓不高興的事，相信妳一定也沒有做過什麼讓渣男不開心的事，卻受到這種對待。究竟是為什麼呢？答案沒有人知道，甚至有可能答案從一開始就不存在。

模式2 渣男就像無法脫離的泥沼

被渣男欺騙的女生常有一項共通點，就是不斷付出卻得不到愛。

喜歡對方→想做會讓對方高興的事→以為乖乖聽話就是為對方好→不知不覺間變得任對方擺布→覺得這樣不行→但又害怕如果不聽話會被對方討厭→於是又只好乖乖聽話……陷入這樣的循環。

這種時候，其實女方通常都超乎想像地冷靜，能夠即時察覺這種狀況，而且也知道這樣下去是不行的，然而現實卻無法脫離這個泥沼。

雖然心裡很清楚繼續下去不是辦法，但又還是喜歡對方。會有這種情況是因為「對方無法捉摸，難以預料」。當對方的行為出乎意料時，都會付出更多注意力在對方身上，頭腦也會逐漸被這件事占滿。

拿三色貓那件事來說，我完全是被害者。這樣說來，我甚至可以思考該如何報復那隻貓，但當時我心裡想的是「我做了什麼不該做的事嗎？是牠不喜歡我的味道嗎？還是因為我吃了洋芋片以後沒洗手就直接去摸牠？」我這樣反省自己，像是在討好這隻唯獨對我不友善的貓。

我相信妳一定也陷入了相同的思考模式，把注意力放在不如妳預期的渣男身上，腦子裡就只想著這些。

還有，明明平常他都不會稱讚妳的妝容，今天妳只是用了不一樣的眼影稍微改變一下，渣男就對妳說「妳變漂亮了吔。」這當然只是沒來由地隨口說說。但即便如此，妳還是高興到願意離開地球，搬去火星住。然後妳就永遠也無法脫離這個泥沼。

模式3 渣男就像使人上癮的雲霄飛車

我前面提過了如果對方做了出格的行為，反而會使妳喜歡上對方的現象。還有一種與這類似的情形，就是妳可能會被對方有如「雲霄飛車」般的特質吸引。

以結構來說，雲霄飛車是一種「忽上忽下」的遊樂設施，那種緊張刺激的感覺中帶有會讓人上癮的成分。

我第一次坐雲霄飛車是在中學的時候。老實說，在那之前我一直搞不懂，為什麼要花錢去坐那麼恐怖的東西找罪受。畢竟，整個遊樂園都聽得到遊客搭雲霄飛車發出的尖叫聲。我真不知道為何會有人想玩這麼糟糕的遊樂設施。可是我朋友一副理所當然覺得「來了就是要玩啊」的樣子去買票排隊，雖然我的腿有點顫抖，但還是裝作毫不在意地一起排隊。

儘管心中有千百個不願意，但還是輪到了我們。雲霄飛車往上爬的時候，我的臉肯定像毒菇一樣鐵青吧。車廂來到了最高點，然後一口氣往下衝。我的內心就在這種驚嚇刺激感，以及被固定在座位上的安心感之間不斷來回擺盪。最極致的口是心非就在這時爆發出來。

第一次搭雲霄飛車的感覺雖然恐怖到難以用言語形容，但內心卻又有一種亢奮、想要再坐的感覺。所謂的上癮，往往伴隨著帶有危險性的事物。

這種現象套用在渣男身上也完全符合。平時總是違背妳的希望，對妳冷冷淡淡、不理不睬，甚至能感覺到他身邊還有其他女人。就算說得再客氣，這種人也稱不上好男人。

但他偶爾又會誇妳可愛，或露出小孩子般天真無邪的笑容。

人往往會被這種大到不行的反差迷得暈頭轉向，因此吃虧上當。

模式4 渣男就像長不大的小孩

妳是否有這樣的經驗，和渣男交往，然後產生「我覺得他根本不喜歡我，但是為什麼他又會記得我生日，見面的時候對我很好」這種疑問呢？

明明每個人都勸妳不要跟這個男的交往，而且他重視前女友還多過妳，為什麼妳還會被這個把妳耍得團團轉的渣男吸引呢？妳是否已經認定他是妳至今最喜歡的男人了呢？

渣男會這樣，都是因為他們還是個「小孩」。

正確來說是「沒有長大」，他們不是「無法長大」，是「不會長大」。

大部分的人到了某個年齡就會變成社會人，學習成熟大人該有的行為舉止，懂得為別人著想、視狀況為自己的行為負責。成熟的人不會不看時間就把人叫出來，也不會邊玩遊戲邊聽別人說話，結果其實超過一半的內容都沒在聽。

但是，在戀愛之中應該具備的條件就有點不一樣了。就算身邊有個和自己的感受力、個性都相同的人，對我們也完全不會產生吸引力。這種人雖然讓人安心，但不會有驚喜。正因為不知道，所以更想了解、想接近，人的心理就是這樣。樂透也是因為不知道會不會中才會讓人想去買；因為不知道裡面到底有什麼，福袋才會賣那麼好。

同樣的道理，在戀愛中，人往往會被跟自己擁有不同特質、難以理解的人吸引。因為我們會對這種人的內在抱有期待。

只做自己想做的事，不碰不想做的事。隨時隨地都像個小孩，拒絕長大的渣男也就顯得特別有魅力。

模式5　渣男就像讓人又愛又恨的聖誕老人

我小時候曾經因為很想要剛發售的超級瑪利歐，一直向聖誕老人許願，希望能得到。

直到現在我都還記得，十二月二十五日早上起床時有多吃驚。放在我枕頭旁邊的不是超級瑪利歐的「遊戲」，而是超級瑪利歐的「布偶」。雖然年紀還小，但我失望得不得了，不斷向母親發脾氣，抱怨聖誕老人為什麼會把禮物搞錯。這說不定是我對於聖誕節唯一的記憶。

不好意思，話題又扯遠了。但我很喜歡「扮演聖誕老人，偷偷將禮物放在別人枕頭旁邊」這種貼心之舉。在平凡無奇的日常生活中遇到這樣的驚喜，相信每個人應該都會很開心。

其實渣男就具備了這種聖誕老人般的特質，他們可說是取悅大眾的表演藝人。我認為這就是渣男教人又愛又恨的原因。

渣男神出鬼沒又善變，想對妳好的時候就對妳好。

而且，他們會基於「既然要讓人開心就做得徹底點」這種聖誕老人般的心態送妳禮物，或為妳做出某些事。渣男自己也覺得扮演一下聖誕老人沒什麼不好的。平時他說的話、做的事根本連一絲一毫都沒有替妳著想，卻會偶爾帶來驚喜。這就像糖果和鞭子。

只有在那一刻，妳會覺得彼此是心意相通的，陷入你們正在交往的錯覺。以為照現在這種感覺，一切都能順利發展下去。聽到妳問「你沒有騙我吧？」渣男會回以笑容。

但是到了隔天，他又會變回那個冷淡的渣男。妳無法忘懷，不斷問自己「那段幸福的時光只是一場夢嗎？」深信聖誕老人會再次現身，而一直等待下去。

模式6 渣男就像一把妳不會彈奏的樂器

由於職業的關係，為了作曲、錄音等，我幾乎每天都會碰吉他。在還不習慣這個樂器的時候，彈吉他只讓我覺得手指很痛，就只有「痛」一個字。

但我還是持續地彈，手指的皮一次又一次翻起來，等到皮變得像石頭一樣硬了，吉他終於肯發出悅耳的音色。感覺就像吉他覺得「看在你還算努力的分上，那我就出個聲吧。」於是我總算「會彈」了。

接下來又要學和弦，才有辦法彈出各種不同的旋律。我逐漸學會了彈奏各種曲子，也懂得自己作曲。最初讓我痛苦萬分的樂器，不知不覺間成了生命中不可或缺的一部分。

渣男的特質就和吉他這種樂器很類似。

渣男一開始是絕對無法讓人理解的，而且還經常令人覺得討厭。

這種讓人感到厭惡的渣男，就像手指的脫皮一次次翻起來一樣，雖然惹得妳生氣、不爽，但在相處的過程中卻會漸漸發現他的優點，令妳尋思：「咦？該不會他其實人很好吧？」

從討厭到喜歡是人類的心理之中最強烈的一種變化。而且一旦從討厭變成了喜歡，這種感覺往往會持續很久。

妳開始漸漸被討厭的對象吸引。

雖然到了隔天還是彈不好、他還是一樣渣，但他只要偶爾對妳好、只要偶爾能用吉他彈出美妙的旋律，就會讓人產生期待。我們會心想，只要我技術更好、只要我更有魅力的話，吉他／渣男就會對我好一點了吧？

渣男就像一把會演奏美妙旋律的吉他，讓妳完全落入他的圈套之中。

渣男都這樣撩女孩

2

我喜歡你／妳，對女人是「陪我一起死吧」，對男人則是「早安」

世界上有很多人不願理解「我喜歡你／妳」是因人而異。

當男女雙方對「我喜歡你／妳」定義不同時，妳所表達的「我喜歡你」會被對方視為另一種意思。

但人們總無視於現實，把對方傳達的「我喜歡你／妳」，用自己的想法定義，才讓心裡好過些。不過，這種行為就到此為止吧！我現在要在這裡告訴大家現實有多殘酷。

男人在說「我喜歡妳」時，頂多是「讓我上啦」、「不要不開心了啦」，跟「早安」差不多的意思。講「我喜歡妳」對男人稀鬆平常，而且一說出口就拋諸腦後，沒有任何重量，換個包裝就能再次使用。

但「我喜歡你」對女人而言，不論意義或分量都和男人完全不同。

那就像鉛球，又黑又重，裡面還包含了曖昧模糊、無法好好傳達給對方知道的心意，以及愛情的苦澀、怨念之類的成分，絕對不是像「早安」這麼輕描淡寫。女人的「我喜歡你」基本上可以當成「陪我一起死吧」的意思。

男女對於「我喜歡你／妳」這句話的認知差異已經超越鴻溝的等級，更像是有一條水勢又急又猛的河擋在中間。

其實這個道理如同開口說外語，說之前應該要多想想。但是，不知道是雙方都只想到自己，或是出於習慣，不論男女，總是動不動就說「喜歡」。

女人氣男人不了解自己，男人則嫌生氣的女人有夠麻煩。說到頭，根本就是因為雙方對「我喜歡你／妳」的意義完全不同，最後當然會演變成這樣。

以為只要說「我喜歡妳」就能哄對方開心的偷懶心態很糟糕。或許等到不講「喜歡」，而是可以直接對彼此說「陪我一起死吧」、「早安」的時候，你們的內心就會更靠近一些了。

總是把「我想妳」「我喜歡妳」掛在嘴邊

一般人是不太敢說「我想妳」的。有的人是因為害羞而說不出口，有的人則是不知道對方會有何反應而不敢說。具備基本常識、多少懂得替別人著想的成年人不會輕易對人說「我想妳」。

但渣男就不同了。**就算你們最近的 LINE 對話一點也不熱絡，他也能若無其事地說出「我想妳。」**這種人說「我想妳」就像在跟人說「早安」一樣。如果妳不小心回了「嗯？怎麼了？為什麼突然這樣說？」他就會接著回「因為我喜歡妳。」如此一來，妳就被他吃死死了。

「我想妳」、「因為我喜歡妳」這兩句話搭在一起是我見過威力最強的組合。男人想約妳出來的話，通常會有一定的流程。像是問妳什麼時候有空、有沒有什麼想吃的、約在哪邊比較好碰面之類的。

但真正的渣男可不是這樣。他才不管現在是白天還是晚上，羞恥心、自尊或同理心、社會常識等等也全都丟到一邊，劈頭就是一句「我想妳。」

對遊戲人間的渣男而言，跟每個人一一鋪陳對話是非常麻煩的事，**他們只想花最少的力氣、走最短的距離達成「上床」這個目的**，所以會單刀直入地對妳說「我想妳。」

再說，和男性互傳 LINE 會讓妳覺得開心嗎？如果是聊些沒什麼營養的話題一樣很開心，對方就算不是妳男友，大概也離男友只有一步之遙。這樣的話也就罷了，但絕大多數的人應該只會讓妳感到無聊。

所以反過來說，**因為渣男都以直球對決，反而容易打動女性**。雖然這種戰略既幼稚又很好看穿，卻會讓人深受感動。諷刺的是，妳會好奇對方為何如此熱情覺得很新鮮，甚至產生好感。細心地問妳這、問妳那的男人反而會被妳認為無趣。

對付這種自稱很想妳的渣男，最有效的方法是「慢慢跟他耗時間」。對方用「我喜歡妳、好想妳」朝妳逼近，我希望妳回他「喜歡我的話，就要乖乖等到我們下次見面喔」，如果對方一聲不吭就閃人了，代表他的確是渣男無誤。

這種表現得興沖沖的男人，經常只是靠著「慾望」而非「情感」在行動，因此我建議妳最好清楚表明：「我不打算幫你滿足你的慾望。」

渣男度

90

【對策】

渣男會對妳突然冒出一句「我想妳」、「我喜歡妳、我好想妳」之類的話。這種時候應該回覆「喜歡我的話，就要乖乖等到我們下次見面喔。」逼他花時間一步一步來，不要馬上讓他得逞。

說自己不愛出門，放假時總待在家

妳和異性聚餐或聯誼時，有遇過宣稱自己「不愛出門」的男人嗎？

當妳詢問對方「約會的話，你想去哪裡？」或「放假時要做什麼？」等問題，想了解對方和異性在一起時會如何安排時間，他卻馬上說自己不愛出門的話，這種男人很有可能是渣男。你可以接著問他「那你在家裡都在做什麼？」如果只給得出「叫外送來吃」之類的答案，那這傢伙肯定是渣男。

「我不愛出門」這句話背後有各式各樣的含意。

首先，一開始放話說自己不愛出門，是在表明「我不喜歡每次約會還要找地方玩」。說穿了就是「規劃約會行程麻煩死了，而且又要花錢，在家約會不好嗎？」會這樣想的男人，跟他交往之後不能期待他性情大變，為了女朋友花一個小時挑禮物；他也不會特地找餐廳，安排浪漫的約會。就算會出門，也只是去附近的公園曬太陽。

聲明自己不愛出門的另一個用意，是想讓對方第一次約會的時候就來自己家。如果女生上鉤，回答「是喔，那下次去你家玩」，對渣男而言根本就是天上掉下來的大禮。

當然，不愛出門這件事本身絕不是壞事，我相信也有好男人是喜歡在家看電影、自己動手做菜的。**但是渣男往往會用「不愛出門」掩飾自己其實是「嫌麻煩」，因此得特別留意。**

話說回來，自稱不愛出門，卻倒是勤快出來聯誼認識異性，這個行為本身就很矛盾。

渣男總是在找機會認識異性。但他們認識異性的目的是為了認真談戀愛嗎？這就值得懷疑了。稍稍懂得替他人著想的人，第一次見面時應該多少會想要炒熱聊天的氣氛，跟妳分享自己對哪些地方感興趣，或是問妳想要去哪裡。

連這種事都嫌麻煩的人的確是渣男無誤。

這種男人在把妳耍得團團轉之後，一定又會跑去認識別的女生，妳的戀情最後大概也就因為對方的偷吃而告終了。

渣男度

70

【對策】

聯誼或聚餐的時候自稱不愛出門的男人大多是渣男。這時不妨問對方「在家裡會做什麼？」如果給不出「叫外送來吃」以外的答案，那肯定是渣男。

如何分辨男人是玩玩還是認真？

脫渣技巧 1

只有要約妳出來的時候才會跟妳聯絡，或者每次約會都是去室內場所的話，要特別當心。

另外，如果妳不是什麼大正妹，當心中浮現「他是不是只是玩玩？」的疑問時，很有可能他真的是在玩玩。

聊天時會問
妳是不是跟家裡住

對渣男而言，「這個女生是不是一個人住」絕對是影響他繼續與對方說話的關鍵。

渣男聽到女生說「我跟家人一起住」的瞬間，腦袋裡就會開始計算「約出來的麻煩程度和上賓館的花費」，而對眼前這個女生的興趣大打折扣。這是因為女生住家裡的話，就得改變進攻方式，或是考量ＣＰ值，甚至連如何漂亮退場也要列入評估。

雖然，渣男想快點知道女生是不是一個人住，但這並不是可以明目張膽詢問的事。太過性急，被女生看破手腳，就再也沒機會，所以要盡可能在對話中自然而然地問出來。最理想的情況是不用直接問，從對話中就能得到判斷對方居住狀況的關鍵字。

這種時候，渣男沒辦法等待超過五分鐘。

他們得決定，是要冒點險問出妳是不是一個人住，做個了斷；或是一面取得妳的信任，一面等待可以自然而然問出答案的時機到來。可是就算願意等，也不保證妳就一定是自己住。想到自己都花了時間和力氣下去，最後得知對方其實是跟家人同住的話，心情會多低落，這實在太慘了……渣男的腦袋裡就像這樣不斷在拔河。

到頭來，渣男一定會因為等不下去，在五分鐘以內就問女生：

「妳住哪裡？」、「跟家裡住嗎？」

這時候對方若回答是自己一個人住，渣男大概會迫不及待地發動攻勢，甚至到令人厭煩的地步。女生給的答案是住家裡的話，他的態度八成會出現一百八十度的大轉變。

對付這種渣男最有效的方法，就是假裝要去上廁所，然後偷偷直接回家。

當對方猴急地想要纏住妳時，就說聲「我去一下洗手間。」離開座位。女方直接走人會對渣男造成難以想像的傷害。

這樣做雖然有點殘忍，但才認識五分鐘就想打探妳是不是一個人住的話，受到如此對待也只是剛好而已。

這種男人就直接放生吧！

渣男度

80

【對策】

剛認識五分鐘就想問妳是不是一個人住的男人，基本上都是渣男。建議妳假裝要去洗手間趁機離席，趕快回家吧！

用訊息傳「要我陪妳睡覺嗎？（笑臉）」

渣男這種生物常常不懂得拿捏與人相處的距離。

他們只想靠自己的一套邏輯走遍天下，簡直就像在科技發達的現代，還用步數測量距離一樣。

舉例來說，明明不是妳男友，卻傳「要我陪妳睡覺嗎？（笑臉）」的男人肯定是渣男無誤。

如果妳回「嗄？你在說什麼？」他也只會用「沒有啦，開玩笑的。」輕輕帶過。對方根本是在動歪腦筋，讓妳很想說「笑屁啊」、「一點也不好笑」但他似乎完全不在意妳的反應，還製造出一種如果追問「你剛剛是什麼意思？」就像妳輸了一樣的氣氛。

想必妳也知道，傳「要我陪妳睡覺嗎？（笑臉）」這種訊息可不是單純和妳躺在床上睡覺。他有興趣的是接下來在床上發生的事，絕對不是只想和妳一起看日出。

可是對方卻裝出一副「我絕對沒有心懷不軌啦」的樣子，而且還加了個笑臉，用各種藉口矇混過去，妳一定要看清這種狡猾的行徑。

令人生氣的是，用如此卑劣的方法突然跟妳裝熟的渣男，其實是看扁女性。他覺得就算傳了「要我陪妳睡覺嗎？（笑臉）」的訊息給妳，被妳回「你很噁心耶」或已讀不回，他也不會有什麼受傷的感覺。

這傢伙肯定用複製貼上不知道傳了給多少女人，可能覺得亂槍打鳥總會打中一隻吧。妳沒有必要隨這種人起舞。

至於要如何回覆這種渣男，我建議的方式有兩種。「如果是在南極的話，可以喔。不過我的睡相很恐怖吔，沒關係嗎？」像這樣用無厘頭的方式敷衍過去，或是「等我們再多出去幾次，變熟了以後才可以喔」之類，故意很認真地回應。後者對渣男的殺傷力會更強。

渣男度

80

【對策】

渣男很不懂得拿捏與他人相處的距離。如果對方明明不是妳男友，還傳「要我陪妳睡覺嗎？（笑臉）」這種訊息來的話，就用無厘頭的方式敷衍過去，或故意很認真嚴肅地回覆，讓他知難而退吧！

脫渣技巧2

渣男私訊最常用的三句話

❶ 晚上突然傳「我好想妳」

成年人不會輕易對女友以外的人說「我想妳」。妳不妨回他「是想我還是想上我？」

❷ 在平日問妳「今天有空嗎？」

渣男不知道什麼叫時間管理。他以為當天才傳這種訊息也能把妳約出來，這代表他一點都不尊重妳的時間。

❸「妳最近好嗎？」

渣男很喜歡對前女友傳這種百害而無一利的訊息。妳就回他「好不好都跟你無關」。

總說

「遇不到好對象，所以沒有女朋友」

假設妳和朋友或公司同事相約星期五晚上去「相席屋」開心一下。所謂的相席屋，是一種提供男女認識異性的機會，類似居酒屋的地方，也就是聯誼場合。只有男性需要付錢，女性可以在這裡免費吃東西、喝酒。簡單來說，就是會有男生來這裡找感覺容易上鉤的女生。

也因為這樣，這種聯誼的地方勢必是渣男的集散地。我要分享的，就是如何在這種場合分辨眼前的男人是不是渣男。

首先，既然會來認識異性的地方，男人若被問到「你有女朋友嗎？」一定會否認，這一點是每個男人都一樣的。

接下來妳該問的是「為什麼沒有呢？」**這時候若對方回答「因為遇不到好**

對象。」無庸置疑，這傢伙肯定是個花心的渣男，說不定幾乎三天兩頭就在聯誼。

來到認識異性的地方，還說自己「遇不到好對象」，代表這套說詞他已經用過很多次了。這種男人不管有沒有遇到好對象，一律都會回答「遇不到好對象。」

對方故意在妳面前這樣說是有原因的。那就是為了讓妳覺得「在我眼中妳才是好對象。」而且這種人還會一直說些「我第一次遇到可以這麼自在聊天的人」、「我第一次來聯誼這麼開心」之類的話，營造出他認為妳很特別的假象。

每個人都對於「被當成獨一無二」這件事沒有抵抗力。為保險起見，在覺得「這個人應該可以」心裡暗自竊喜前，我希望妳再多問一個問題。

那就是，「你單身多久了？」如果對方回答「超過一年了。」這傢伙肯定是百分之兩百只想著上床。主動來到認識異性的地方，講話一副老練的樣子卻又不交女朋友。妳可以把這種人當成根本不打算認真找人交往的渣男。

來聯誼就是為了認識異性，千萬要記得早早打開渣男雷達。

正因為每個人都很清楚，到認識異性的場所，更應該保持冷靜，不能被現場的氣氛感染而失去理智。要提醒自己，唯一可以信任的，只有妳的渣男雷達。

渣男度

90

【對策】

在認識異性的場合問對方是否有女朋友時，要小心那些回答「遇不到好對象」的男人，有可能是渣男。如果接著問「你單身多久了？」答案是「超過一年」的話，這個人肯定是渣男。

以「沒錢」為由拒絕出門約會

在男人拒絕約會或出門玩的理由中，「沒錢」可以排進前三名。

若是因為「工作太忙」或「已經另外有約了」而拒絕的話，還可以改天再找他出來。

但是「沒錢」會讓人不知道該怎麼回。這句話不僅威力強大，而且還暗示了「妳幫我出錢的話，我就能跟妳出去玩」這種吃軟飯的行徑，是句非常危險的話。

若已經發展到了戀愛關係，還用「沒錢」當作藉口的話，這種男人更渣。

沒錢當然是無可奈何的事，但真正的男人不會把「沒錢」當藉口。**如果真的很想跟妳見面，應該也會找到不用花錢的約會方式。**

我以前就常和女生一起散步。現在回想起來，老大不小的男女大白天就在散步還頗荒謬的，但我就是不想用「沒錢」推掉約會。

說自己沒錢而不願意出來約會的男人，絕大多數都不是真的沒錢，而是沒有和妳約會的錢。這種人非常自私，甚至在他的人生裡，妳的優先順序是排在很後面的。

這種男人的手機大概都是最新款的 iPhone，並且花錢在電玩或賭博毫不手軟。如果真的完全沒錢出去玩的話，更該好好檢討他的生活方式或工作，手裡拿的是最新款手機卻喊沒錢，根本說不過去。真的沒錢的人應該要拿老人家在用的按鍵式手機。

正因為是在談戀愛，對於「金錢觀」更應該認真嚴格地看待。金錢觀偏差的男人就算有再多優點，也有可能不知不覺間變成都是妳在付吃飯的錢、約會的費用。**這樣的男人遲早會把妳對他的感情當成可以變現的提款機。**

俗話說「錢在情在，錢盡情盡」，希望大家千萬要小心，別因為錢而葬送了感情，不然到頭來全都只是一場空。

渣男度

90

【對策】

以「沒錢」為由拒絕約會或出去玩的男人是渣男。如果對方拿的還是最新款的手機，更是渣男中的渣男。在他的人生裡，妳的優先順序排在很後面。這樣的男人遲早會把妳對他的感情當成可以變現的提款機。

男友無法約會時，有三個理由要特別注意

❶ 我很忙

明明在交往卻無法見面，理由只用「我很忙」一句話帶過，代表對方本來就沒有見妳的意思。

❷ 我和朋友有約了……

這種人不把傷害女朋友當一回事，卻重視朋友到了沒有分寸的地步。

❸ 沒錢

他的意思其實是「妳出錢，我 OK」

聚會時問妳

「要不要去外面呼吸新鮮空氣」

一群男男女女聚在一起，正玩得興高采烈的，在這種狀況下耐不住性子的渣男會問妳：

「要不要去外面呼吸新鮮空氣？」

如果妳回答「你自己去啦，我還覺得外面的空氣比較髒咧」，那就沒問題，但大多數人應該都不想破壞氣氛，也不想跟對方撕破臉。甚至可能有人不自覺地就跟著走出去了。

渣男只要一逮到機會，就會想去呼吸外面的空氣。明明才剛從外面進來，卻跟缺氧的魚一樣急著呼吸外面的空氣。就算是冷得半死的冬天，手都要凍僵了，比起待在屋子裡，渣男還是喜歡兩個人在外面獨處。

對渣男而言，必須同時和多個人待在一起的狀況是最大的威脅。渣男之所以討厭這樣，是因為在這種狀況下他無法營造「氣氛」。有自己以外的人在，就容易發生意料之外的事。在只要再加把勁就能把女生打包帶走的時候，如果突然有人跑來說「今天聚餐一個人收九百元喔」，女生馬上就會清醒過來，忘了剛剛和渣男之間的互動。好不容易製造出來的氣氛瞬間就消失殆盡，渣男絕對會想辦法避開這種風險。

兩個人獨處時，要下手才方便。

這種時候，渣男不僅能用自己喜歡的步調掌控對話節奏，從某方面來說，還可以對女生「洗腦」。或許冷靜下來回想的話，妳會發現自己對這個人一點感覺也沒有，也不覺得他有多帥，但就是不自覺地被氣氛感染，覺得「可以跟他交往看看……」渣男可是讓人掉入這種陷阱的個中高手。

對於擅長令女生對自己心動的渣男而言，如果想將這種技巧發揮出最大功效，最不可或缺的條件就是製造獨處的機會。如果妳傻傻跟著對方出去呼吸新鮮空氣的話，兩三下就會迷失在渣男營造出的氣氛中。

若有男人邀妳到外面獨處，妳首先要表現出「你給我安分點」的態度。最重要的一件事是不要跟著渣男的步調走。如果是正經的男人，會願意按部就班花時間一步步拉近和妳的距離。

渣男度

30

【對策】

渣男總是想製造獨處的機會。當大家正嗨時，問妳「要不要去外面呼吸新鮮空氣？」的男人有可能是渣男。妳首先要做的，是表現出「你給我安分點」的態度。

讚美妳的外表，包括指甲

有一種說法認為，懂得察覺細微變化的男人才是「好男人」。

舉例來說，就是當女生戴了條新的項鍊時，會讚美「是新買的嗎？很好看吔」。女生聽了當然會開心，也覺得這樣的男生很貼心。

但我要老實說一句，一般男生哪會去在意那種事啊？

項鍊之類的飾品可能還算容易注意到，但如果只是稍微修了一下瀏海，或髮色染得比原本淺一點而已，對方也察覺得出來，還說「妳換髮型了嗎？感覺變好多喔」，這種男人反而危險。這讓人不禁懷疑，為什麼這傢伙會觀察得那麼仔細？感覺就像妳的全身都被他仔細打量過，記在腦中了，這樣難道不噁心嗎？

我想說的是，這種「對於變化異常敏銳的男人」有些其實是渣男。

渣男會用盡全力讚美女性。平常時候他也會讚美，有某個地方不一樣的時候他會讚美得更用力。有的人會肯定這種行為，覺得這代表「對變化很敏銳」。但其實渣男一點也不誠懇，他肯定對不同女生都做一樣的事。渣男是因為女生聽了會高興才出言讚美的，說穿了，**讚美妳只是為了扒掉妳身上的衣服**。心裡盤算著如何取悅女性，從一開始就想方設法找機會讚美妳的男人是最奸詐的。

不論他打的是什麼主意，那些讚美妳都可以大方地接受，但我要分享一個可以用來分辨的具體標準。

當妳做新的美甲時，會稱讚的男人大多是渣男。尤其如果妳的指甲是走自然路線的話，會去稱讚的男人有九成是渣男。

這樣講雖然很抱歉，但不是渣男的男人才不會對指甲有興趣。透明色或米色之類的自然色不但看不出來，更別提還要判斷到底是不是有不一樣、是好是壞。一下就察覺到這種細節，精準地給予讚美的男人，觀察力也未免太過敏銳。

說不定他曾用相同的方法讚美過不知道多少女生，也有可能只是碰運氣胡亂讚美一番，結果妳今天剛好就塗了新的指甲油。

渣男度

60

【對策】

渣男會用盡全力讚美女性。如果迅速察覺到妳的指甲換了新造型，尤其妳的指甲是走自然低調路線的話，代表這種男人對於變化的敏銳到了異常的地步，有九成的機率是渣男。

不時在限時動態上說想去哪些店

Instagram的限時動態在經過二十四小時後，內容就會消失。這項功能讓任何人都可以隨意發文，也因此反映出每個人的性格。甚至可以說，只要每天觀察一個人的限時動態，大概就能知道他的個性。

限時動態也是能判別渣男的工具。那就是一天到晚發動態貼上食記或美食評分網站的截圖，並加上一句「這間店好像不錯，有沒有人要跟我一起去？」會這樣做的人幾乎都是渣男。看了以下說明，就能理解為何我會這樣說。

第一個原因是，這種行為等於在邀約所有追蹤自己的人，也就是不特定的多數對象，跟漁夫朝海裡撒網沒什麼兩樣。這是一種渣男的戰略——在可以讓最多人看到的地方發動態，然後約留言的人之中最正的妹一起去那間店。所以要盡可能把網子張大，確保漁獲量。

渣男就是因為清楚，口袋名單裡收了很多店肯定能討女生歡心，所以才會發動態。只要隨便挑些美食評分網站上分數高的店發到動態上，就會有人上鉤，對渣男而言沒有比這更輕鬆的方法了。

第二個原因則是，雖然任何人都可以隨意回覆限時動態，但留言內容只有發動態的人看得到，這是千萬不能忽略的一項優點。

換句話說，發動態的渣男可以藉由這種機制進行挑選。也就是把網子拉起來，只挑自己想要的魚帶回家，這個設計真是太棒了。

因此他可以辯稱「我只是想找朋友一起去」，就算用「我只是想知道有沒有人有空可以一起去」這種說詞推託也不會良心不安。

但是，如果真的只是想和朋友一起去的話，只要在 LINE 群組裡面講就好了。**渣男偏偏要發限時動態就是盡可能增加選項，然後從中挑選。**只有渣男會幹這樣的事。

這種做法只能用亂槍打鳥來形容，而且由此可知，**渣男的一大特性就是嫌**

一對一太麻煩。

有事沒事發這種動態的男人，可說是渣男中的渣男。

渣男度

90

【對策】

渣男會像漁夫一樣在海上撒網，從撈到的魚裡面選出最好的貨色。想藉由限時動態隨機約女生出來的男人要特別注意，這種男人相當渣。

如果妳處於有名無實的狀態

脫渣技巧4

「我對他的付出就像女朋友一樣，他卻不肯和我交往。」會這樣對妳的人，大概一輩子都不會和妳交往。如果對方真的不想失去妳的話，二話不說就會立刻跟妳交往。

渣男分手時的模樣

3

クズ

02

渣男戀愛講座

想要告白，又害怕失敗了就當不成朋友

常有女生問我這種問題：

「我很煩惱該不該告白。我真的很喜歡對方，想告訴他我的心意、和他交往，但是又不想失去像現在無話不聊的關係。有沒有什麼可以不破壞現有的關係，又能向對方告白的方法？」

這想法就像在說「我不想念書，但希望考上心目中理想的大學」或是「我希望不用戒掉蛋糕，但又可以瘦十公斤」、「我不想練球，不過希望比賽能贏」。

這些想法背後的共通點就是「奸詐」。

我幼稚園的時候發生過這麼一件事。有一個跟我念同間幼稚園的女生就住在我家附近，我們很聊得來。

我們每天搭娃娃車時聊天聊下來，她似乎喜歡上我了。

儘管年紀還小，但我仍然察覺到了她的好感，只是我視而不見，一直不去面對。雖然我也喜歡那個女生，卻因為害羞而不敢告訴她。

結果，這個原本喜歡我的女生過了一個月後，就跟別的男生在一起了。

我想說的，是人與人之間的關係很容易因為微不足道的小事而破裂，不知不覺就煙消雲散了。就算沒有去跟喜歡的人告白，你們可能還是會淡掉，關係到了該結束的時候，兩三下就會畫上句點。

如果妳此時的心意是千真萬確的，妳絕對應該告訴對方。妳以為只有妳知道這個人有多好的話，可就大錯特錯了，其他人也正虎視眈眈找機會下手。

這個世界的道理是，想獲得某樣東西，就必須要有願意犧牲的覺悟，這種事是沒有捷徑的。

不用付出代價就能得到的東西，絕不會是什麼好東西。

所以，面對這類問題，我總是如此回答：

「如果妳的心意只是這樣的話，被妳告白的人也會覺得很困擾。你們就算交往了，大概也不會維持多久，所以我勸妳乾脆放棄吧。」

分手時對妳說「抱歉，我無法讓妳幸福」

分手時，被提分手的那一方幾乎可說是束手無策。

分手這件事就像是電車到了終點站，即使繼續留在車上，電車也只會開進漆黑的機廠。雖然知道該趕快下車，卻遲遲無法起身行動。

這種時候，如果男方提出分手後，還說「抱歉無法讓妳幸福」，是如假包換的渣男中的渣男。

這種男人內心連一絲一毫的歉意都沒有。不僅如此，你們都已經分手了，他還在設法留下「後路」。

所謂的後路是指，在他追不到好對象時，有一個「前女友」可以讓他吃回頭草。

這是一種買保險的概念，前女友只是退而求其次的備胎。他想藉著在分手時對妳說「抱歉無法讓妳幸福」，使妳無法完全放下他。

雖然他向妳道歉，並放低身段表示「分手是我的錯，是我能力太差造成的。」但這番話也含有「在我變成更好的男人回來找妳前，妳要等我喔」的意思。**這種人內心真正的想法是「萬一我追不到更正的妹的話，妳要當我的備胎喔，靠妳啦~」**

如果前女友跟他分手後，馬上無縫接軌，這種渣男會產生強烈的妒意。明明是自己甩了對方，他卻覺得前女友還是「我的東西」，也會希望前女友還對自己舊情難忘。

其實，這種人在分手後不久，就會以「我有東西忘了帶走」之類的藉口為由跑去找前女友，接著順理成章地說想要復合，非常煩人。

話說回來，與其說出「抱歉，我無法讓妳幸福」，真正地付諸行動，設法讓女友幸福不才是正確的嗎？面對這種渣男，最好的方法就是跟他說「道歉就免了，祝你拚死拚活讓別人幸福後再被甩掉啦！」盡快跟他斷絕關係。

實。

如果他還是死纏爛打的話，就把東西包一包寄去給他，讓他徹底認清現

渣男度

100

【對策】

分手時對妳說「抱歉無法讓妳幸福」的男人，是渣男中的渣男。這種男人奸詐的地方在於，試圖用甜言蜜語令妳無法完全對他死心。妳該做的是趕快跟他斷絕關係。

冷靜說出「我們先暫時分開」

有種男人一和女朋友吵架，就會說「我們先暫時分開吧。」感情出現瓶頸時，也常說「我們先暫時分開吧。」聽到這種話，女方大概會疑惑「什麼叫暫時分開？」「是不要住一起的意思嗎？」他的意思就是「減少聯絡和見面的頻率」的意思。至於男人這樣說的目的，是為了降低女方在自己生活中所占的比重。

在此之前，每天聯絡、見面都是理所當然的事。對方原本已經是妳生活中不可或缺的人，現在卻想要拉開距離，把重心放在他自己的生活上。

這樣做是為了分手時讓自己不要受傷太嚴重。或可以直接說，**這個男人是**

在為了分手做準備。

直接把內心真實的想法說出來，可能會挨女生巴掌，但如果說「我們先暫時分開」就好像還留了一點希望，而且因為搞不清楚他到底想表達什麼，也無法狠狠吐槽回去。這種用曖昧的言詞令對方困惑，好試圖脫身的做法根本就是渣男行徑。

用電影《鐵達尼號》來比喻，男人說出「我們先暫時分開」的時候就像船已經開始傾斜了。繼續待在船上，會跟船一起沉沒，因此自己要趁現在趕快上救生艇，設法保命。

情侶只要有一方有人下船，感情通常就很難挽回了。就算死命地划救生艇想要回到船上，恐怕在如願以償之前就已經掉到水裡，只能退場了。

「我們先暫時分開」乍聽之下像是冷靜的發言，**但背後其實隱藏著「想將自己在分手時受到的傷害減到最低」的自保之道。**

如果妳想弄清楚這個男人是在多認真的情況下說出這番話的，我建議妳問：「我想知道你除了『先暫時分開』之外，還有什麼說法。」

如果他有辦法說明這是怎麼回事的話，證明了他的確有認真思考。若吞吞吐吐，講不出個所以然，代表他只想著要如何自保而已。

從客觀的角度來看，只想要自己得救的傢伙，實在醜陋到不行，《鐵達尼號》裡也出現過類似場面。這種人就讓他跟著船一起沉沒吧。

渣男度

10

【對策】

冷靜地對妳說出「我們先分開一下」的男人，有可能是渣男。他正在想辦法逃命，以減輕自己在分手時受到的傷害。

渣男常用
這四個理由分手

❶ 我現在無法和妳交往

雖然我完全不想跟妳交往，不過萬一我追別的妹失敗了，又剛好有心情的話，可能會跟妳交往。

❷ 我怕跟妳在一起會傷害到妳

現在這種不用負責的關係比較方便我偷吃。

❸ 我想專心在工作上

妳的臉不是我的菜。

❹ 我只把妳當成家人

抱歉，我吃不下妳。

想分手卻又說「我不會主動提分手」

沒有人喜歡提分手。

提分手不但要有心理準備，主動提出的那一方等於是在當壞人，而且可能會被羞辱得很難聽，因此非常需要勇氣。

提出之後不知道對方會怎樣回覆，甚至可能哭泣或發火。這個令人恐懼、卻又不得不面對的煉獄，正是由戀愛創造出來的。

在這種情況下，聲明「我不會主動提分手」的男人肯定是渣男。

明明在面臨兩人是否要繼續走下去時，卻突然擺出高姿態先發制人。既然講「不會主動分手」，好像是繼續交往下去也無妨的意思，但實際上又似乎不是這樣。如果試探性地問男方「所以不分手嘍？」對方大概會回答「那應該是妳來決定啊。」

「我不會主動提分手」等於表明了分手無所謂，但又把決定權丟給對方，是一句非常渣的話。

聽到這種說詞，相信女方會納悶「想分手的話就講清楚啊，明明是你先提起的，為什麼變成我得決定？」而且，以為說了「我不會主動提分手喔」就代表自己溫柔體貼的行為，根本是自作聰明。一開始就是渣男藉故要談分手的，到頭來又用這種話模糊焦點。

總而言之，渣男很討厭自己決定。

不論在什麼情況下，渣男都只想著把麻煩事推給別人，營造出自己單純是跟著照做的局面。如果真的分手了，最終做出決定的也是女方，自己只是被動接受而已，不用負責。明明使了各種奸詐狡猾的手段，渣男卻深怕自己變成壞人。

感情沒問題、幸福美滿的時候，覺得對方人很好、是個好男友是理所當然的。但女人必須確認，對方在分手時說出來的話是否前後不一？有沒有說的和做的是兩回事？

對方是即使分手也不會搞到彼此懷恨在心的好人，還是渣男中的渣男？渣男在感情走到盡頭時最容易露出本性。

渣男度

80

【對策】

渣男在分手時往往會顯露出本性。明明在談分手，男方卻表示「我不會主動提分手」，擺出一副高高在上的樣子，把決定權丟給妳的話，代表這男的是渣男無誤。

把偷吃比喻成吃拉麵

在一段感情中偷吃的人百分之百有錯。明明可以在分手之後，光明正大地去玩，卻要留個備胎，在有穩定關係的情況下另尋發展。**說到底，其實是害怕乾脆地分手後，身邊一個人都沒有，所以才會這樣。**

偷吃被抓包時，渣男很喜歡用一種方式狡辯。

「就算再喜歡吃，每天都吃同一種拉麵也是會膩的，偶爾會想吃點不一樣的不是嗎？偷吃就是這麼回事。」

雖然聽起來好像不無道理，但會搬出這種藉口的男人是渣男中的渣男。其實連湯頭的滋味都喝不出來，還敢說同一個味道吃久了會膩。

要特別注意的是，這種藉口的弦外之音，是將偷吃的行為一般化，當成

「全天下的人都會犯的錯」。拿拉麵這種四處可見的食物做例子，拉低偷吃的門檻，意思是「這是人類的天性，我也沒辦法，所以妳應該會原諒我吧？妳應該能理解吧？」渣男的這種邏輯實在是不要臉。

偷吃被抓包時，獲得原諒唯一的方法就是不斷道歉。但渣男在這種情況下卻嚇死人地大言不慚。

有一個簡單的方法，可以在事前就分辨出這類渣男。

這只是我個人的理論：去餐廳時，每次都會看有什麼「推薦新菜」，一定要點沒吃過的東西，代表這個男人很容易喜新厭舊，跟他交往最好要有他會偷吃的心理準備。

另外，如果妳懷疑男友偷吃的話，不妨不經意地問他「你是不是有偷吃？」如果對方的反應是「幹麼這樣問？」那就是有鬼。沒有偷吃的男人會直接回答「沒有啊。」做了虧心事的男人才會問「幹麼這樣問？為什麼突然問這個？」急著想知道是哪裡露了餡。

話雖如此，會偷吃的人和不會偷吃的人關鍵的差異，其實是心裡有沒有這個念頭。就和不抽菸的人不會想要抽菸，不喝酒的人不會想要喝酒一樣。

會偷吃的人就算有辦法忍，偷吃的念頭還是會在心裡萌芽，當然，最好還是一開始就挑個不會偷吃的男人交往。

渣男度

100

【對策】

會把偷吃比喻成吃拉麵的男人是渣男中的渣男。會偷吃的人和不會偷吃的人，關鍵的差異是心裡有沒有這個念頭。最保險的做法是一開始就挑不會偷吃的男人交往。

脫渣技巧6

「如果跟妳說實話怕妳會難過」等同於……

答案是，「雖然知道妳會難過，但還是做了對不起妳的事。」這個男人就是這麼不把妳放在眼裡。

問前女友「有沒有正妹可以介紹」

有種男人在分手後會傳 LINE 問前女友「有沒有正妹可以介紹給我認識？（笑）」。

不用說，這種人當然很渣，而且他們大多是毫無可愛之處，從裡到外爛光光的渣男。

或許妳人很好，收到這種訊息也只是已讀不回就算了。但面對這種男人，我希望妳即使得把 LINE 刪掉，也一定要跟他斷絕往來。

分手後還若無其事地跟前女友聯絡就已經夠渣了，而且竟然還要妳幫他「找女人」。唯一的解釋大概就是他完全不受女生歡迎，也沒有海派的朋友願意幫他辦聯誼。

要不然就是沒有動力在該做的事或工作上拿出好表現，讓自己成為受歡迎的人，最後只能找上前女友。以為你們曾經交往過，所以妳會看在過去的情分上幫他，這種人有夠沒出息。感覺像是一個飢渴的男人拋棄了自尊所使出的最後手段。

最重要、最煩人的是，這個人完全沒有顧慮到妳的感受。從這種人身上完全感受不到他有為妳著想，不擔心會讓妳感覺不舒服，或對於傷害到妳感到抱歉等。他已經淪落到不在意妳怎麼看他，只要有妹可以認識就好的地步了。

不論對方搬出再多理由，只要他是個會讓妳在分手後覺得「跟這種男人交往真是我的一大汙點」的人，最好立即把這個人從妳的人生中刪掉。

大多數分手後還會跟前女友聯絡的男人，都只是想要確保一個可以馬上解決性慾的對象。另外，就跟自己搬到外面住以後，會覺得原本的家特別舒服一樣，也有人錯把前女友當成了自己最熟悉、相處起來最自在的對象。

他們會把這種舒服的感覺轉化成「還是妳最好了」、「跟妳在一起的時候好開心」之類的言詞傳送給妳。

我是屬於不贊成復合的人，我認為除非對方完全變了個人，不然基本上復合之後都不會走得順利。名義上說是復合，但絕大多數其實都只是互舔傷口而已。心軟和復合是最要不得的。

渣男度

100

【對策】

分手以後還會跟前女友聯絡、糾纏不清的男人是渣男。而會問前女友「有沒有正妹可以介紹給我認識」的男人，更是最低等的渣男中的渣男，千萬別對這種人心軟。

吵架時看到妳哭，會說「不要動不動就哭」

戀愛中的男女在吵架時，或許會因為見到了對方有別於平時的一面或恐怖之處而有幻想破滅的感覺。

看到女方落淚就生氣，責怪女方「不要動不動就哭」，明顯表達嫌棄之意的男人還滿常見的。

想像一下，有對情侶起了點爭執，男方原本以為女生只是不說話了，結果一看才發現她是低頭哭泣。女方肯定是有什麼原因而落淚的，男方卻完全沒有表達關心之意，反而用「不要動不動就哭啦」、「妳以為哭就有用嗎」、「就算哭也沒用啦」等無情的話補刀。說這種男人是渣男還算客氣了。

男人在這種時候往往無法真正理解女人哭泣的原因。

就算好不容易有頭緒了，心裡也會冒出「需要哭成這樣嗎」、「擺明在情緒勒索嘛」、「這是在逃避吧」等想法。

由於不了解女方哭泣的原因，也忍受不了這種氣氛，因此這些話便劈里啪啦地衝口而出。女方則急著辯解並不是那樣……尤其，感情走到盡頭時，大概都是在這種場面下告終的吧。

還有，會發脾氣說「不要動不動就哭」的傢伙，在做虧心事被抓包時，都會用假裝是為對方著想、實際是把對方當白痴的說詞當藉口，像是「如果說實話，我怕妳會難過」。總之他們就是不會承認自己有錯。

好男人是絕對不會說「不要動不動就哭啦」這種話的。

他們在說出這句話之前，就已經察覺到女人沒說出口的心聲了。會嫌棄女人「動不動就哭」的男人，大概一輩子都不會了解「就是你害我哭啦」的意思吧。

重要的不是選一個會問妳為什麼哭的男人，而是選一個打從一開始就不會讓妳哭、不會讓妳難過的男人。

雖然有一句老話說「眼淚是女人的武器」，但在我看來，拿眼淚當武器幾乎等於是職權騷擾了。我從小到大看慣了父母吵架，每次都是母親哭泣、父親生氣大聲罵人這千篇一律的場景，我總是百思不得其解，為什麼都不會反過來呢？

女人在絕大多數的情況下，哭泣都是有原因的。我希望妳在挑對象時，一定要挑個好歹會覺得「是我有地方沒做好才害她哭了」的男人。

渣男度

20

【對策】

看到女方哭泣就斥責「不要動不動就哭啦」，明顯表達嫌棄之意的男人是渣男。比起挑選一個會問妳為什麼哭的男人更重要的是，選一個根本就不會讓妳流淚的男人。

如何回敬狠狠甩了妳的男人？

脫渣技巧7

❶將外表提升到自身潛能的極限。

❷和社會地位更高的男人交往。

❸一天到晚曬自己有多麼迷戀其他男人、和其他男人多恩愛。當偶像或藝人的腦粉也可以。

❹穿著和對方喜好完全相反的衣服。

突然失聯，出現時只說「想要一個人靜一靜」

不知道大家有沒有過搞不清楚到底分手了沒，但對方就斷了聯絡，結果戀情莫名其妙無疾而終的經驗？

這種行為造成的傷害會盤旋在心頭好一陣子。對方連原因都沒說就離開了，甚至造成妳短時間內都無法相信別人。然而，渣男會毫不在意地做出這種事。

為什麼他們會做這種事？**因為他們嫌麻煩。就是這麼簡單。**

他們會覺得玩手遊比較重要，滑手機看 FB、IG 還比較有意義。如果可以的話，最好不用花時間談分手，讓戀情無疾而終就好。這種人是最差勁的渣男。

一般人會覺得即使交往的時間不長，但既然在一起了，最後要分手時就應該好好面對，但渣男連這種事都嫌麻煩。

反過來說，對渣男而言，妳就是一個連讓他想要克服麻煩的價值都沒有，可有可無的人。雖然妳看了這番話會不好受，但這就是他們內心最赤裸裸的想法。

我曾經認識一個女生，結婚半年後有一次和丈夫吵架，結果丈夫說了句「我去一下便利商店」，出門後就聯絡不上了，最終以離婚收場。渣男連人生重要的伴侶都可以撒手不管，放給它爛。

這雖然是相當極端的例子，**但在發生衝突後就失聯的男人肯定是渣男。**平常稍微吵個架就搞失蹤的男人，很容易有這種撒手不管，任憑戀情消逝殆盡的行為，因此要特別注意。

對於自己搞失蹤，他們慣用的藉口是「想要自己靜一靜」或「跟妳在一起的話，我怕會傷害到妳」。

就算講了一堆冠冕堂皇的話敷衍過去，到頭來他們還是沒有心去面對，只想逃避。

如果搞失蹤超過了三次的話，妳就該果斷放棄這個男人。而且，結束這段戀情時，換妳默默離開。要是說出了「我們需要談一下……」之類的話，你們只會沒完沒了，要小心這一點。

渣男度

100

【對策】

談戀愛時搞失蹤，或完全不經營、任憑感情無疾而終的男人是渣男。如果只是稍微吵個架對方就搞失蹤，而且這樣做超過三次的話，就由妳這邊主動默默離開吧。

明白表示「我現在無法和妳交往」

高麗菜卷是一道非常美味的料理。

外層的高麗菜軟到像是要融化般，內層則包著從外觀無法想像的扎實肉塊。不只簡單又討喜，這道料理更是極致的反差所孕育出的傑作。大家會搭配哪種醬料享用高麗菜卷呢？我個人最喜歡沾黃芥末吃。

這段前言好像長了點，但我想表達的是，「我現在無法和妳交往」這句話就像高麗菜卷一樣，表面上溫柔體貼，但其實裡面隱藏著數不清的奸詐想法。

這裡我先介紹渣男在拒絕交往時最喜歡說的三種臺詞。

①我現在無法和妳交往　②我想專心在工作上　③我只把妳當成妹妹

這三種臺詞之中，最麻煩的就是「我現在無法和妳交往」。

由於加上了「現在」，因此會讓對方誤以為未來或許還有些許可能，但這一天真的到來的機率，大概就跟從晴空塔的展望臺滴眼藥到地面上的人眼睛裡一樣低。

既然這樣，那為什麼要說「我現在無法和妳交往」呢？

答案是，因為他捨不得。他不希望徹底拒絕妳後，妳把對他的好感轉移到別的男人身上去。

這種人根本絲毫沒有為妳著想。他不是因為對妳有好感而捨不得，**對渣男而言，滿足自己獲得認同的需求才是最優先的事。**他只是活在自己的世界裡。

這種男人會拿夢想或工作當藉口，熱切地訴說自己現在無法和妳交往，即使他的真心話其實是「妳的臉不是我的菜」。

如果真的為妳著想，就不會給這種不上不下的答案。明確地拒絕妳，讓妳有辦法再發展下一段戀情，才是真正的溫柔。

就算會被討厭，但還是堅持做出為對方的未來著想的舉動，才稱得上好男人。好男人絕不會說出「現在無法」這種狡猾不老實的話。

無論如何，千萬別被這種說詞騙了，傻傻地等待「現在」結束的一天。

渣男度 40

【對策】

渣男在拒絕交往時，會搬出「我現在無法和妳交往」這種莫名其妙的說詞。他口中的「現在」永遠也不會結束。其實他對妳毫無興趣，只是希望有人喜歡自己而已。

主動提分手，卻還說「我們可以繼續當朋友」

有些主動提分手的人，會說出一種令人完全無法接受的提議，那就是「我們可以繼續當朋友吧」。

這番話似乎暗示是今後彼此還是像朋友一樣保持聯絡，有時可以約出來玩，但這種關係並不是愛情，實在莫名其妙。

如果是被分手的那一方說出這種話倒還可以理解，但提分手的那一方這樣說到底是想怎樣？我就站在男人的觀點幫忙回答吧。其實是這麼回事：

「我知道妳喜歡我，但我也放不下別的妹，所以我們就先分手吧。如果我們定期見面，維持在一個妳始終忘不了我的距離，妳還是會一直喜歡我吧？」

對於被分手的那一方來說，這種事相當辛酸，感覺就像有人叫妳在不會致死的範圍內一直受折磨。當妳努力走出失戀的陰影時，對方一樣會毫不在意地跟妳聯絡，因為你們是朋友嘛。

會這樣說的男人大多很自戀，不但是個渣男，還有可能是完全無意理解妳內心感受的「戀愛心理變態」。

這種人和拿「現在無法和妳交往」當藉口的男人有一項共通之處，就是到頭來他們只希望自己不要被任何人怨恨。正因為他絲毫沒有為妳著想，才說得出「我們可以繼續當朋友」這種話。

如果有人跟妳說「我們可以繼續當朋友」，我建議妳表面上同意，轉過頭去立刻封鎖他的 LINE。妳可能無法下定決心踏出這一步，但希望讓自己好過一點的話，就應該這樣做。

剛分手時，難免會過度美化交往期間的回憶，因此妳或許會把希望寄託在「我們可以繼續當朋友」這句話上。

這種時候我要推薦一個讓妳從地獄爬出來的方法。那就是製作一本自己專屬的「死亡筆記本」，將妳覺得這個男人渣的地方全都寫進去。當妳想要寫他的壞話時，就會冷靜地回顧交往至今的種種，並客觀地察覺到對方其實並沒有多好。

我相信這樣做對下一段戀情會有幫助，希望大家務必試試看。

渣男度

70

【對策】

渣男就是明明主動提分手，卻還說「我們當回朋友吧」。失戀雖然不好受，但可以製作一本自己專屬的「死亡筆記本」，寫下對方的壞話，幫助妳快點忘掉這個人。

脫渣技巧8

兩秒就能拆穿他在偷吃的方法

當妳問對方「你是不是有偷吃?」對方如果反問「為什麼這樣問?」不正面回答的話，那就代表有鬼。

沒有偷吃的話，男人會直接回答「沒有啊。」偷吃的男人會反問「幹麼突然問這個?」想知道是什麼地方令妳起疑了。

4 章

渣男會有的心機

被同性噁心、討厭的女人，反而受男人歡迎

世界上有些人就是特別有異性緣。

每個人都能被分配到一個交往對象，一個蘿蔔一個坑這種事是不存在的，戀愛界的獅子會把周圍的獵物全部占為己有。

這個世界就是有異性緣的人才握有戀情的生殺大權。

受男人歡迎的女性，往往會被同性覺得噁心、討厭。更進一步說，如果不是被女性討厭的女人，或許就不會受男人歡迎。

有異性緣的女性在男性面前有辦法大喇喇地說話、會跟著一起嗨，穿衣服也很可愛，而且擅長化妝，散發出恰到好處的放蕩感，讓男人覺得「如果我強勢點的話，說不定就能得手」。這種女人就是戀愛界的獅子，會勾起男人的興趣，給男人的所有感官帶來誘惑。

在戀愛的草原上，所謂的心機女就是會一隻接一隻地捕獲獵物。

至於受同性喜歡的女人，則是在一群人之中穿著不會顯得特別突出、不擅長和男生說話、把友情看得比愛情重，平凡不起眼的人。

但是，男人喜歡的是有女人味的女人。簡單來說，「有女人味的女人」就是能撩起男人慾望的女人。

聊天時會做出肢體接觸、會由下往上抬頭看人、吃飯的時候會自然而然馬上幫忙分菜、總是能引起男人興趣的女性就是比較受歡迎。

男人喜歡的是簡單好懂的東西。即使這個女的其實一肚子壞水，只要在男人面前裝出天使的模樣，男人就會輕易上鉤。

支配著戀愛大草原的獅子很清楚自己不受同性喜歡，而且可以說，她們並不討厭這樣。

規定女朋友在大熱天也要穿長袖

「嫉妒」這種情緒會令戀愛中的人迷惘。

雖然嫉妒是自己內心湧現的情緒，但必須靠他人的行為才會止息。由於他人的行為不是我們能控制的，因此放著不管的話，嫉妒會不斷膨脹。有些人就是掉進了這個陷阱而成為渣男。

「控制」是對他人做出各種規定，試圖將對方管理在自己想要的狀態下，是一種明顯從嫉妒衍生出來的行為。

以程度沒那麼嚴重的例子來說，像是一直傳LINE來問「妳現在在哪裡」、「妳剛剛跟誰在一起」、「妳在做什麼」或是要和別人出去玩的話都得向他報備。

不過，在過去來向我求助的案例中，有一種我覺得很噁心的行為，就是在大熱天還規定女朋友要穿長袖長褲。簡單來說，目的是禁止女友露出身體以免吸引別的男人，但連女朋友穿什麼衣服都要管的話，不是渣男，是什麼呢？

如果女方問為什麼要控制自己到這種地步，大多數人肯定會這樣回答：

「因為我太愛妳了。」

但他們的真心話其實是「因為我是過來人」。他們對照自己的經驗，知道做了哪些事會拉近自己和異性的距離，所以要把心裡的不安一一消除掉。我可以這樣做，但妳不可以。越是控制狂，把妳看成他的所有物的男人，越是有可能過去曾經偷吃或現在正在偷吃。

「他管我太嚴了，我都沒辦法出去玩吔。不過這也是因為他愛我啦，我還是很開心的。」當妳在說這種夢話的時候，他已經不知道偷吃多少次了，千萬要小心。

嫉妒心重、心胸狹窄的男人有以下三個共通點：

①逼妳刪除其他男性友人的聯絡方式，②規定妳要穿什麼衣服，③對自己的事情裝死。

三項裡只要符合兩項，或者妳自己有這些行為的話，最好立刻重新審視你們的感情。

不管再怎麼控制，都不可能完全管死另一個人，而且這樣只會讓對方的心離自己越來越遠。

我希望大家好好想一想，有沒有因為任憑嫉妒心過度膨脹，而搞不清自己是在和另一個人談戀愛，還是在和那個熱衷於控制對方（或是被對方控制）的自己談戀愛？

渣男度 70

【對策】

許多男人在談戀愛時都因嫉妒而淪為了渣男，控制狂就是其中的代表。會要求女友刪除男性友人的聯絡方式，或是規定女友穿著的男人是渣男。

時不時開玩笑嫌棄女友

就算只是開玩笑，會在朋友面前醜化女友的男人絕對是渣男。

男女交往的時間一旦久了，不好的習性就會漸漸跑出來。

就像剛買來的手機我們會小心翼翼地保護，深怕刮傷螢幕，但不知不覺間還是會出現細小的刮痕。

時間久了，你會越來越不在意那些刮痕，用手機的動作也粗魯了起來，螢幕上的刮痕變得密密麻麻。

從一開始原本還會叫妳的名字，結果後來卻變成了「欸——」、「喂——」，更惡劣的甚至會在朋友面前稱妳「醜女」。

「喂，〇〇〇，過來這邊！」像這樣講話，還跟旁邊朋友笑成一團，這種男人就是渣男。

明明已經在交往，卻當著他人的面貶低另一半，這種行為實在太離譜。應該說，就算沒有交往，不管是開玩笑也好還是什麼原因都好，沒有人被叫「肥婆」還會覺得開心的。

就算因為個人風格或現場氣氛的關係，有的人就是容易講這種話，但硬把這當成笑料可能已經對被講的人造成了傷害。

而且大家要知道，嫌棄自己女友的男人，其實也等於是在否定他自己。在別人面前說自己的女友是「醜女」，但說別人醜的才是真正的醜。連這個道理都不知道的傢伙不會是什麼好東西。**或許他會找藉口說自己講那些話並不是認真的，但和這種人在一起一定不會有好事。**

製造出「被說一下就生氣的人有夠無趣」的氣氛，強迫妳配合演出的行為完全是性騷擾。如果他只懂得用這種方式製造笑料的話，那妳就主動甩了他，果斷地跟他分手吧。

最後別忘了送他一句：「你就是個被○○○拋棄的男人。」

渣男度

60

【對策】

會在別人面前嫌棄自己女友的人是渣男。而且選了這個醜女當女友的，不正是他自己嗎？就算只是開玩笑，也不該在別人面前貶低自己喜歡的人。跟這種男人在一起不會有好事。

如何分辨男人交往前後兩個樣？

脫渣技巧9

❶ 認識沒多久就直接叫妳名字、各種裝熟。

❷ 在訊息裡大量用表情符號、貼圖。三不五時傳送討好諂媚的訊息。

❸ 對待店員總是不客氣。

只會用上下關係看待人與人的相處。
容易有誇張的大男人行徑。

強調自己喜歡小孩子或動物

一般人都會把對小孩子與動物不友善的男人當成人渣。

小孩子來搭話時至少得眼睛直視對方，貓咪靠過來的話必須要有願意逗貓玩的閒情逸致，應該是所有人的預設模式。

總之，只要對小孩子和動物超乎必要的友善，肯定會受女人歡迎。大概是因為女人會由此想像到對方與自己結婚後的情景吧。反正，男人就是得極力對小孩子和動物表現出親切的樣子。

我先承認，我對這兩者都很怕、很討厭。原因很簡單，很難搞懂他們在想什麼，而且小孩子和動物都是一副全世界繞著自己打轉的樣子，不管在哪裡都是全場的目光焦點。就算犯了什麼錯也能輕易得到原諒，大家會覺得「因為是小孩子嘛」、「因為是貓咪嘛」。我對這種特殊待遇嫉妒得要死，希望自己也能這樣。

話題扯遠了。我要說的是，有些渣男會利用這種現象討好異性。

平時就強調自己「喜歡小孩」、「喜歡動物」來製造好感度，如果剛好遇到其中一者的話，更是會表現得無比友善。

這是因為這些傢伙心裡很清楚，想要有女人緣的話，就得對小孩子和動物友善才行。

就算自己並不是真的喜歡，也會用盡全力演出自己喜歡小孩或貓。雖然很不甘心自己辦不到，但我希望妳千萬不要被這種男人騙了。

如果問這種男人喜歡小孩子和動物的理由，他們常會給「因為很療癒啊」這種曖昧模糊的答案。其實他們根本沒養過貓、也沒有年幼的姪子、外甥等親戚，去摸摸小孩子和貓咪都是裝出來的。

「唉，我都忍不住想自己怎麼那麼有愛心啊？我也不知道自己跟小孩、跟動物有那麼熟吔。」

妳千萬不要被以為這樣說就能幫自己加分的膚淺男人給騙了。

希望妳務必記住，肉眼看得見的溫柔，男人要怎麼演都不是問題。**真正的溫柔是在交往了一段時間之後，才會讓妳一點一滴感受到的。**

渣男度 10

【對策】

有的渣男會強調自己喜歡小孩或動物，藉此搏得女性好感。建議妳詢問對方喜歡的原因是什麼。如果其實完全沒接觸過的話，這傢伙絕對可疑。

向女性友人
抱怨自己女友

請妳想像以下的情境。一個男人和女性友人相約喝酒，從「最近過得怎樣？」的話題聊起，彼此都喝了好幾杯酒之後，聚會也來到了尾聲。

男人有了醉意，開始向女性友人發牢騷：**「最近，我總覺得跟她處得不是很好。」**

接著，男方就用一種好像隕石快要撞到地球般的口吻，講起沒什麼大不了的無聊牢騷，一說就快要一個小時。

至於女方則因為聽到了男方向自己抱怨女友，產生了一種自己比男方女友更受認同、更受依賴的心態。如此一來，男方的女友便成了滿足這名女性友人認同需求的工具。很快地，這兩人之間就產生微妙的親密感，然後在氣氛催化下一發不可收拾。

這種找人抱怨自己女友以拉近彼此距離的男人，是最具代表性的卑劣系渣男。到底為什麼一定要找人抱怨自己的女友呢？而且對方還是女性。

如果和女友出現什麼問題，直接跟當事人說不就行了。畢竟，你不滿的是你的女友，當然只有你女友本人有辦法解決這個問題。

為什麼這種渣男會想要刻意讓別的女人知道呢？

那是因為他們要把「女友」的存在當成踏板，藉此拉近自己和其他女人的距離。透過發牢騷貶低自己女友，便相對地捧高了身為聽眾的女性友人。

聽渣男抱怨的女性，會誤以為「我擁有他女友沒有的優點，所以他才跟我說心事。」渣男這一方則別有居心，希望彼此越聊越深入、氣氛正好的話，可以順便聊到床上去。

或許他真的與女友在相處上出了問題，姑且不論有沒有參考價值，我並不是不能理解「想要知道女友以外的異性會有什麼看法」這種心情。但要知道，抱怨自己女友會讓周圍的人對她留下不好的印象。

色慾薰心的男人常用的卑劣手法就是藉由貶低自己女友，將鎖定的目標往上捧。不知道為什麼，人在聽到別人的壞話時，自己就會有種安心的感覺。當然，會被這種手法騙到的女人也一樣渣。

希望大家一定要多注意這種反過來利用自己有女友的事實，藉機親近其他異性的卑劣系渣男。

渣男度

80

【對策】

會找女性友人抱怨自己女友的男人，是卑劣系渣男。這種渣男希望藉著貶低自己女友，捧高眼前的女人快速拉近彼此的距離，要特別當心。

隔了好久才回訊息的男人其實是……

脫渣技巧10

隔了好久才回訊息，跟妳說「抱歉，我在睡覺」的男人其實是……「跟比妳正的偷吃對象玩得超嗨，整晚都在同一張床上睡覺。」

把「我們結婚吧」掛在嘴邊

「我們結婚吧」這句話是人生的重大決定，因此不會輕易說出口。什麼事都沒搞清楚就做出決定，一遇到麻煩就想逃的渣男非常不適合結婚。

但是卻有一種渣男把這句價值非凡的話看得跟「早安」或「抱歉」、「謝謝」一樣普通，動不動就掛在嘴邊。

當然，這種人壓根就沒有打算結婚。絕大多數都只是覺得「總之先說這句話就對了」。不僅如此，就算彼此沒有交往，也會有渣男輕率地說出「我們結婚吧」這句話。

這就跟一整年都在喊「結束大拍賣」的店一樣。知道的人自然不會上當，但第一次上門的人會誤以為「錯過就沒了」而掏錢消費。至於這間店哪一天才會真的結束營業，根本沒有人知道。

同樣的道理，對渣男而言，說「我們結婚吧」感覺就跟平時向人打招呼一樣。但聽到這句話的那一方會認為「咦？原來他這麼喜歡我啊？」而開心不已。

這時候妳所感受到的喜悅是一種詐騙。害人空歡喜一場也不能太超過。妳還是該為自己遭受的詐騙討回公道，要對方付出代價。

渣男當然心知肚明，聽到自己說出「我們結婚吧」，對方一定會開心得飛上天。因此，被懷疑偷吃時也不會編造拙劣的藉口，而是說出「我們結婚吧」掩飾；或者因為一點小事而吵架，用這句話來代替「對不起」。

另外，如果偶爾才說一次，會讓這句話聽起來很像真的，萬一對方信以為真，接著追問「那我們什麼時候結婚？」會麻煩得不得了。平常一直掛在嘴邊講的話，對方聽了也只會覺得「又來了」而不抱任何期待。

原本明明是對方回一句「好啊」就可以結束的對話，結果渣男卻利用這句話讓人一次又一次燃起希望。搞不清楚說話輕重的男人是渣男，而**故意用價值**

非凡的一句話使人空歡喜一場的男人，只是更渣。

渣男度

50

【對策】

有一種渣男會動不動就說「我們結婚吧」。這就跟一整年都在結束大拍賣的店一樣，你們真正結婚的那一天根本不會到來，不要被騙了。

明明是妳在訴苦，卻幫別人說話

交往對象和自己在同一個學校或職場的話，周圍的人或多或少必定會有一些反應。

這些反應有的出自善意，但也不乏充滿惡意的。如果其中一方比較有異性緣的話，情況會更加麻煩。另一方會遭人嫉妒、在背後說壞話。

最討厭的是，這種流言蜚語一定會傳到妳耳中。

如果聽到有人批評自己、說自己壞話，任誰都會感到難過，這種時候當然只能找男友傾訴了。

「○○這樣說我吔，很過分吔？」

「○○用這種態度對我，可是我應該沒有錯吧？」

當妳像這樣對男友吐苦水時，如果男友只會對妳說「好啦好啦，妳冷靜點」或「〇〇說那些話應該也沒有惡意吧」之類的話，裝出一副自己最懂的樣子，這種男人與渣男無異。

向男友倒垃圾的那一方，尋求的是「我現在馬上去找說妳壞話的傢伙，把他的手機砸了！」的共感，對方卻自以為看得很透徹，只會講「妳是不是也做了什麼」、「〇〇會這樣應該是有原因的啦」這種話試圖教育妳，根本沒聽進妳的話。更扯的是，他竟然還站到別人那一邊去了。妳大概很想說「你知不知道我有多難過啊？少在那邊裝懂啦！」

這種男人到底是什麼心態？

其實就是女友找自己講這些事情，他覺得「很爽」。大概他心裡在想「不要為了我吵架啦～不要為了我不愉快啦～」。

但明明妳是他女友，說妳壞話的是非親非故的他人，兩邊本來就不應該相提並論，他要是沒有百分之百站在妳這邊的話，妳可頭痛了。畢竟妳是他女友吔。

照理來說，女朋友應該要有獨特的地位，但會說「可以理解另一邊的想法」、總是故作中立的男人，肯定會主張男女之間有純友情，對於偷吃的標準也寬鬆到不行。

希望妳記住，異常地想跟周圍保持平衡、表現中立的男人，反而越可能傷害身邊最親近的人。

渣男度

20

【對策】

女友受他人批評而感到難過時，不站在女友這一邊，反而幫別人講話的男人是渣男。要注意，總是表現出中立態度的男人對於偷吃的標準也特別寬鬆。

絕對不要跟會問這三個問題的男人交往

❶ 妳在哪裡？

明明還沒交往，就只會問「妳在哪裡？」如果真的交往了，最後一定會每天檢查妳的手機。

❷ 妳跟誰在一起？

對於妳的人際關係有強烈控制慾。
這種人遲早會要求妳「在臉書、IG 上曬恩愛，說妳最愛我。」

❸ 妳在幹麼？

很多這類型的人只要稍微沒聯絡到妳，就會狂撥妳的電話。

把朋友看得比女友還重要

時間是凌晨兩點，妳和男友在房間裡進行了以下對話。

「這次休假我要跟我那群死黨去滑雪。」

「所以○○她們也會去嘍？有女生一起，就當天去回。」

「我們就只是朋友啊，什麼事都沒有好嗎。」

「你還是好好想一下。」

「都已經約好了，那能說改就改。而且我可是希望跟這群死黨的交情可以一直維持下去的喔。」

朋友很多當然是好事，動不動就有意見的話會顯得妳好像太愛吃醋，妳也不喜歡自己這樣，因此很難開口干涉什麼。但是，男友把跟朋友（而且包括異性）出去玩看得比妳還重要，又讓妳心裡一直耿耿於懷。相信很多人應該都有這種煩惱。

我就直說吧，**這種男人一到了沒有妳在的地方，馬上就會像脫韁野馬一樣，做出對不起妳的事。**而且，如果都不懂維繫感情，就少說「重視友情」這種鬼話了。

我看他肯定是搞錯「重視」的意思了吧。這種傢伙口中的「重視」，就只是在路上看到垃圾，會撿起來丟到垃圾桶裡這樣的程度，根本沒什麼大不了的。人只有一個身體，一天的時間也只有二十四小時，有時候就是會顧此失彼。

所謂的優先順序是指「自己現在應該以何者為重」。

在這個案例中，就是既然女友不喜歡，那應該馬上取消和朋友去滑雪，要不然也得溝通到女友可以接受為止。

講到了這一層，一定會有人問「所以和朋友的交情無所謂嘍？」老實說，還真的無所謂。我甚至認為，做不到這一點的話，一開始就別交往算了。如果對方是自己喜歡、想要認真面對的人，當然應該這樣做。

請妳記住，什麼事都想顧到每一邊、優柔寡斷，笑嘻嘻地任人擺布的傢伙並不是溫柔，只是單純的渣而已。

渣男度

30

【對策】

把跟朋友出去玩看得比女友還重要，讓女友心裡不舒服的男人是渣男。要麼就拒絕朋友的邀約，要麼就解釋到女友能接受為止，兩者都做不到的話就只是純粹的渣男。

對妳說「妳肯定是M吧？我可是S喔！」

我一直覺得很神奇，為什麼說這種無聊話的男人竟然還生存得下來，沒有滅絕。而且這種渣男的繁殖能力超乎想像地高，棲息地遍布於各處，別說是滅絕了，根本還一直在增加。

就是有男人喜歡亂開黃腔。

為什麼他們要這樣做？答案是在進入正題前先用無關緊要的話題當試探，引誘別人成為自己大開黃腔的聽眾。開始葷腥不忌地聊起來後，他們便可以觀察對方的反應，做出各種判斷。

此時，這個話題就擔負了重責大任。雖然妳覺得這種話有夠噁心、令人厭惡，但世間的渣男講起來卻似乎樂此不疲。每講一次他們就更加熟練，把話題帶到ＳＭ上去的套路也越用越自然。

大多數時候渣男都會說「妳肯定是M吧？我可是S喔！」不知為何要以Ｓ自居。

他們一臉認真、自信滿滿地大放厥詞，讓人連「嗯？你說了算喔？」的吐槽都講不出來。不知道是因為他們希望事情都要照自己的意思走，所以想要先說先贏呢？或是試圖表現出「聽我的就對了」的樣子？

他們一開始就已經做出結論了，根本不管妳如何反駁。

這種人就只有嘴巴最厲害，最後都會說「妳這樣反而是M吧」之類的固定臺詞，使出把剛才講過的話一筆勾銷的大絕招。總之不管怎樣，這種人都讓人看不下去。

說話不但沒有任何依據，內容也無聊到不行，而且是用一副高高在上的姿態發表自己單方面的看法。我實在不得不說這種人是渣男。

重點是，放著不管的話，之後他就會黃腔連發，絕對讓妳聽到想死。

很遺憾的，當聽到「妳肯定是M吧？我可是S喔！」這種對話出現時，妳最好就當這個男人沒救了。早點看清對方、馬上回家準沒錯。

不但想開黃腔的企圖全被人看得一清二楚，而且手法有夠笨拙。趕快跟這種沒水準的渣男劃清界線吧。

渣男度

20

【對策】

喜歡莫名其妙判斷別人是S或M的男人是渣男。聽到這種對話出現時，妳最好就當這個男人沒救了。早點看清對方、馬上回家準沒錯。

吵架時，以為聲音大就有用

戀愛中的情侶難免會遇到雙方想法有衝突，甚至演變為爭吵的時候。些許的想法不同有助於彼此磨合，逐漸找出相處之道。因此，衝突不見得全是壞事。

但妳的男友一有點小爭吵時，聲音就馬上大起來的話，我建議妳最好馬上跟他分手。

越是渣的人，被戳到痛處時，越會想要趕快用音量掩蓋過去。

注意聽的話會發現，用音量嚇唬對方的男人，講出來的東西根本沒什麼內涵。而且他們在意的是把對話帶往對自己有利的方向，而不是對自己的表達能力不佳感到後悔。

原本明明是為了別件事爭吵的，但在對方大聲轟炸的過程中，妳也漸漸搞不清楚究竟在吵什麼了。甚至還會不知不覺間上演「我是為了妳好才這樣說的」情緒勒索的戲碼。

這就是渣男的伎倆。

一有什麼爭吵，對方就只會跟妳大小聲，而不願承認自己沒做好或能力不足。更不用說這樣實在有夠吵，根本很難聽清楚對方說話的內容。

只有在認真聽對方的想法，並能夠理解的時候，吵架才會有意義。如果無法做到傾聽對方，就算情緒再激昂，也只會以無意義的爭吵作收。若想要了解對方，並希望藉此改善關係的話，就不會大吼大叫。

吵架時，如果妳男友的音量大起來了，我希望妳對他說「請你好好說，不然我不知道你在講什麼。」

跟渣男在同一個擂臺上吵架是絕對不行的。只要保持自己在對方之上、鄙視渣男的心態，就能冷靜面對。

如此一來，對方最終不是一臉尷尬地沉默，就是會再度吼叫起來。如果他又開始吼叫了，妳應該一語不發直接離開。

渣男度

80

【對策】

和女友一有點小爭吵，聲音就馬上大起來的男人是渣男。這種人通常喜歡把問題往對自己有利的方向解釋，或不承認自己有不足之處。此時不妨對他說「請你用正常音量說話。」

跟這樣的
男人交往
可以走得更長久

脫渣技巧12

❶ 沒什麼朋友

如此一來，他跟妳在一起的時間必定會變多。選個寂寞的男人交往吧。

❷ 沒什麼興趣嗜好

這樣就不會一直出現新朋友。設法讓對方只對妳感興趣吧。

❸ 不懂得穿著打扮

即使有認識異性的機會，也不會被其他女人放在眼裡，讓妳不用提心吊膽。給他穿印著奇怪英文或亂七八糟圖案的 T 恤吧。

渣男在社群上慣用的伎倆

5

喜歡一個人到底要不要告白？

我每天收到的私訊之中，絕大多數都是因為煩惱彼此的「心意不對等」而向我求助。

這大概是無法控制不斷膨脹的愛意，結果暴衝了吧。

我常看到「對方總是跟我說有壓力」或「我怕這樣讓對方覺得有壓力」這類語句。

或許每個人都有過這樣的煩惱。畢竟，喜歡上一個人不就是會讓頭腦無法正常運作嗎？

不過，會來向我求助的人，大多是因為「不想要丟臉」，像是受不了自己單方面向對方示好的蠢樣，或是對方總是已讀不回。但其實世界上根本不存在不笨拙、不傻氣的戀愛。

對方不回訊息，代表對方沒有將他的心意回應給妳。回個訊息只要幾秒就夠了，卻連這都做不到，說明了妳在對方心中排得在很後面，但這也是無可奈何的事。但若將這些行為一概解讀成笨拙、丟臉、讓人有壓力，就什麼也做不了了。

緊緊捏著手機，忐忑不安地等待對方回覆訊息，我認為並不是那麼不堪的事。如果因為怕受傷、想保護自己，邊談戀愛還要邊耍心機的話反而更愚蠢。

喜歡上一個人時，每個人的頭腦都會出問題。過去重視的事物或價值觀會全部瓦解，眼中只看得到心上人。

人明明不用戀愛也活得下去，但如果還是喜歡上了某個人的話，就只能認真向對方傳達心意了。對方是否將妳的心意視為困擾，只有他自己知道，妳只需要全力以赴就好。

比起妳的心意會不會造成對方壓力，更重要的是妳自己的感覺。至少我個人認為，沒有壓力的戀愛全都是垃圾。

喜歡在社群上大談夢想

許多名人或 YouTuber 都常說「要勇敢去做自己喜歡的事」。

現在的主流價值是鼓勵人要有夢想，並努力去實現。

的確，做自己喜歡的事會比做討厭的事更有效率，可以把自己的興趣當成工作賺錢的話是最棒的了。

但是，現在滿地都是搭這種主流價值的便車，大談「願景」、「成就」之類的空話，卻什麼也不做的男人。

而且這種男人最麻煩的地方是，總是講出「我要成為了不起的男人」、「我想幹一番大事業」的大話。光是這樣講，他就一副自己已經取得了什麼成就的樣子，因此自信滿滿、很擅長畫大餅。

聚餐的時候最常會看到這種人。

如果只是說說大話也就罷了，**但渣男會裝成自己正在為實現夢想而努力，藉此來釣女人上鉤。**

妳想想看，正為夢想或目標努力打拚的男人會跑來跟朋友喝酒吃飯嗎？有這種時間的話，還不如拿來工作。比起談論自己的未來，他所展現的其實是讓妳開口說話的手腕吧。

幾杯酒下肚後，開始高談闊論自己的夢想，就證明了這傢伙肯定沒什麼了不起。

如果妳認為這個男的是不是講大話，不妨問他現在在做什麼工作。萬一他回答的是未來想做的事，或只是在吹噓過去的豐功偉業，就代表之前說的夢想都只是唬爛。搞不好這個男的永遠都在自我探索。

順便建議妳，找出他的社群帳號，大略看一下他的發文內容。

如果講述他未來遠大抱負的發文，比自己今天在想什麼這一類日常生活點滴還多的話，代表他把談論夢想當成興趣了。一天有三則以上這種虛有其表、自我感覺良好的發文，肯定是渣男。他甚至可能直接盜用名人說過的話，當成自己說的。

朝夢想或目標挑戰的人其實以失敗收場居多，必須經過一番努力才能做出亮眼的成績。正在拚死拚活的時候，反而不太會跟別人談論什麼偉大的夢想。

渣男度

20

【對策】

談論毫無根據的遠大夢想，拿夢想來釣女人上鉤的男人是渣男。如果妳詢問對方目前做什麼工作，對方無法對自己的「現在」給出具體交代的話，很有可能他只是嘴巴說說的唬爛高手而已。

總是當天才想約妳出來

如果妳跟對方交往還不到一個月，對方在LINE上面約妳出來從「今天能見面嗎？」變成了「等一下能見面嗎？」甚至是「我等一下過去找妳喔」的話，這代表妳對他而言，完全是個方便使喚的女人。

渣男的行為原理就是根據當天心情才決定要做什麼。

假設妳打算拒絕，於是這樣回覆他：「今天才臨時問我晚上能不能見面，當然沒辦法啊。這樣我得早點把工作趕完吔。」

「那妳趕快把工作做完喔！」

他大概會回這種讓人白眼翻不完的訊息吧。為了跟妳見到面，渣男會想盡辦法掰出可以拗妳答應的說詞，不會因為被拒絕一次就放棄。

渣男最喜歡在 LINE 上面用的句子就是以下三句。

①今天有空嗎？（平日）

②我想見妳。（當天下午五點以後）

③最近好嗎？

不論是女友或女友以外的任何人，他都會傳這三句話。如果妳收到了其中任何一句，就代表他把妳當作當天臨時約也約得到的對象，而且說不定同時也對其他人傳了相同的內容。渣男的 LINE 聊天畫面中，永遠都會有「今天能見面嗎？」這句話。

就像妳希望像玩沙的時候，一點一點將水澆在沙子上蓋沙堡一樣，按部就班跟他建立穩固的關係，但這種人只想開著推土機一路鏟過去，而且還會得意洋洋地跟妳說「我這樣不是比較快嗎？」

對渣男而言，重要的是「今天能不能見面」，他對於「明天可以見面」、

「下週五我有空」之類的回覆沒什麼興趣。

總之，無論妳有多想見面，只要是當天才提出來的邀約，都應該強忍下來回絕掉。面對這種邀約還乖乖湊過去的話，絕對不會有好事。

渣男度

20

【對策】

渣男常常在當天才突然用 LINE 約妳見面。就算被妳拒絕了，也還是興致勃勃，不輕易放棄。如果他說「我想見妳」的話，就回他「你其實是想上我吧？」讓他無言以對。

別被前男友的這些話給騙了

脫渣技巧13

・「啊，不好意思打錯了。」

・「我有個小禮物要給妳。」

・「看到妳好像很努力，讓我很想妳。」

・「我想起了以前一起出去玩的事。」

・「還是妳最好啊。」

・「好久沒見了，要一起吃個飯嗎？」

同時使用兩種以上的通訊軟體

就算再怎麼親密，也不應該隨便看伴侶的手機，這是每個人都知道的事。

我個人認為原因有以下三項。

①不論怎樣的內容，都會顯得很可疑。

②自己也會討厭連伴侶都不信任的自己。

③偷看的事如果被抓到了，對關係會造成難以彌補的傷害。

不可以偷看對方手機雖然是最高原則，但假設妳並非有意，只是碰巧看到了男友手機的桌面。如果這時妳又剛好發現，他的手機裡除了LINE，還有安裝其他通訊軟體的話，很遺憾地告訴妳，這男的很難不是渣男。

我這番主張的前提是，有事沒事就要回訊息是很麻煩的事。更不用說，渣男明明就很怕麻煩，那又為什麼要刻意區分不同聯絡方式，搞得更複雜？

理由顯然只有一個，他除了女友之外還有其他女人要聯絡。為了避免LINE被女友看到時會露餡，於是使用LINE以外的通訊軟體。

和普通朋友或女友聯絡就用LINE，其他當作劈腿備胎的女生就全部塞到別的通訊軟體去，訊息通知想必也都關掉了。

渣男就是像這樣在手機中區分出不同交際圈，以防止傳錯訊息或搞混訊息內容而產生糾紛，方便自己遊走其間。

如果妳發現了其他通訊軟體，心裡在意的話，不妨直接詢問男友。這時候一定會出現這種回答：

「有些人就只有在用這個。」

不對，我認為真心話其實是「我都是用這個來聯絡那些不能被發現的傢伙。」

聚餐也好、聯誼也好，要詢問聯絡方式的話，交換 LINE 不就好了。如果刻意選擇其他通訊軟體的話，我認為根本等於在宣告自己不懷好意。

渣男度

60

【對策】

除了 LINE 以外還有在用其他通訊軟體，將女友和偷吃對象的聯絡方式區分開，是渣男慣用的伎倆之一。雖然偷看男友手機是不對的，但就還是先把這則經驗分享記在妳心裡吧。

久未聯絡，突然傳來「最近好嗎？」

已經從人生中刪除的前男友；一起出去玩過，但一點也不有趣、連朋友都稱不上的男人；某次聚餐時雖然有聊天，但在那之後就沒聯絡過的男人……這種在妳人生中可有可無的男人，最有可能會突然傳訊息來。

第一句話可能就是問妳「最近好嗎？」

這種問法會令妳覺得「我過得好又怎樣？就算過得不好，我也不打算要你照顧，總之我好不好都跟你無關。」

問妳「最近好嗎？」的那個人，其實也沒什麼興趣知道妳過得好不好。

那他到底為什麼要傳這種毫無意義的訊息呢？答案是，他想確認妳會不會回他訊息。

不用花腦筋想，可以馬上回答的問題是最好的。

聊天氣只會讓人有「你老人家喔？」的感覺；「今天是陰天，感覺天空都要哭泣了呢」這種假掰到不行的內容，也沒辦法傳。到頭來，就只有「最近好嗎？」最好用了。

如果妳很大方地回覆了，對方會解讀成這代表他有機會，開始談起自己的事，並裝出一副自己現在很煩惱，正處於人生低潮的樣子。

他是希望妳擔心他，更進一步來說，是想要見面。見面之後當然就是設法達成男人最想追求的目標了。

「最近好嗎？」這句話看起來非常一般、人畜無害。

但也因為這樣，渣男在想找人陪的時候，就會傳送給一大堆人，尋找願意回應自己的女生。

如果讓渣男翻譯「最近好嗎」，就是「最近都沒有女生跟我玩，我受不了啦。等一下要來我家嗎？還是我去找妳？總之我們先見面再聊吧？那妳最近好嗎？」

以前感情要好的朋友，或者妳很想念、但已經疏遠的人傳訊息問妳「最近好嗎？」倒還無妨，但如果是妳幾乎不記得的男人這樣問妳的話，就回覆他「好得不得了，所以沒空見你」吧。

渣男度

20

【對策】

渣男會傳送「最近好嗎？」之類簡短的訊息，試圖約回覆的女生見面。如果這種人問妳「最近好嗎？」的話，就用「好得不得了，所以沒空見你」打發他吧。

脫渣技巧14

出現這種訊號就代表該分手了

當妳開始對男友產生「希望他改變」的想法時，就代表這段感情已經接近終點了。當初你們是因為對彼此有好感而交往的，現在卻變成如果對方不肯改變的話，妳就喜歡不下去了。

看到妳換大頭貼，就問「妳交男友嘍？」

人在主動聯絡他人時，都會希望有正當理由。

有正當理由的話，就算很久沒聯絡了，突然傳訊息給對方也不會顯得不自然；或即使三天前才被已讀不回，妳也可以告訴自己對方是有事忙不過來，繼續主動聯絡。

相信當大家要傳 LINE 給有好感的人時，都會死命尋找說得過去的正當理由吧。人總是得在自己心裡製造出正當理由，才會按下「傳送」。

但是，**渣男所認定的正當理由門檻卻低得離譜。**嗯，已經不能用低來形容了，根本是海拔零公尺，一不小心的話就會淹水。

舉例來說，妳跟朋友去海邊玩時拍照，一起用手比出愛心的影子，然後將這張照片設為個人頭像。

當渣男看到妳更改了大頭貼時會這麼想：「咦？她交男友嘍？總之先拿這個去問她吧。等她回了，再約出來吃個飯……」

妳可以想像渣男得意洋洋、高聲歡呼的畫面。不過是換了大頭貼，渣男已經規劃好約會了，甚至開始排練要用什麼臺詞約對方上床。

於是渣男馬上展開攻勢，傳訊息問「妳換大頭貼了吔，怎麼了嗎？交男友嘍？」

一般人是不會傳這種訊息的。畢竟，換大頭貼這種事只要看到了就知道了，就算真的是交了男朋友，其他人通常也覺得跟自己無關。

然而，**渣男會在最新鮮、還是熱騰騰的狀態下，將自己心中浮現的情緒傳送給別人。**

我不禁猜想，這種男人大概一年三百六十五天都在一一檢查有哪些女生換了大頭貼，然後聯絡對方。

說不定還有人就算沒換頭像，也一樣會傳訊息給對方。總之他們就是飢渴，想要人陪，隨便誰都可以。

如果遇到了這種把「亂槍打鳥」實踐到淋漓盡致的渣男，就徹底封鎖他吧。

渣男度

40

【對策】

對渣男而言，主動聯絡他人的門檻非常低。他們會拿妳換頭像雞毛蒜皮的小事當藉口傳送訊息，設法約妳出去，要多加注意。

一看到妳的動態後，馬上敲妳

沒有自覺自己是渣男的人，說不定是最差勁的一種渣男。原因在於，他們永遠學不乖。所謂的沒有自覺，就是會一再做出渣男的行徑，而且還自以為是為對方好。

應該說，渣男其實只是裝出「我是為了妳好才這樣做」的樣子，但連他們自己都沒察覺到這一點，實在是沒有責任感。即使同樣身為渣男，我也瞧不起這種人。

假設妳發了一則說自己身體不太舒服的限時動態。要好的朋友大概會擔心妳，傳「妳還好嗎？」的訊息。人難免都有身體有點不舒服的時候，所以大部分人的做法應該是雖然會擔心，但也只是在一旁默默關切。**然而有一種渣男卻**

覺得別人越有狀況的時候，越是自己的機會，會趁機試圖拉近距離，我將這種人稱為「體貼系渣男」。

明明跟妳沒多熟，但一知道了妳身體不舒服或感冒，馬上就會傳「我很擔心妳吔，妳還好嗎？有吃東西了嗎？」或「我過去看妳吧？」的關切訊息來。

但這也太積極了。或者與其說是積極，更會讓人覺得「你以為你是我男友嗎？」如果是男友的話，關心到這種程度其實很正常，也的確有權這樣，畢竟男友的地位是不一樣的。

可是，既沒有交往，交情也不是特別好的傢伙，如果突然說「我很擔心妳，等下過去看妳吧？」只會讓人噁心而已。

然而，渣男本人卻是非常認真。他是真的擔心妳、為了妳好，覺得自己能幫到妳，所以打算跑來找妳。

他肯定是多少對妳有好感，所以才會這樣想，但實際上他只是純粹想去妳家。

用「幫助妳」這種再正當不過的理由包裝自己真正的動機，背後其實隱藏著對自身行為毫無自覺的卑劣心態。

如果不跟這類渣男把話講清楚的話，他會用「為了妳好」這種出於善意的名義做出越來越誇張的行為。

對方問妳「我等下過去看妳吧？」的話，妳就回他「不用了，慢走不送。」

渣男度

50

【對策】

有種渣男會覺得別人越有狀況的時候，越是自己的機會。這類渣男惡劣的地方在於毫無自覺，還自以為很親切。不希望對方來煩妳的話，就跟他說清楚吧。

為什麼妳總是在上演「女追男」的戲碼？

脫渣技巧15

當妳不斷向對方示好的過程中，妳的目的會變質為「讓自己成為意中人喜歡的樣子」。如此一來，妳就只會做出完全在對方意料之中的行為，最後淪落為「容易讓人厭倦的女人」。

關閉LINE的通知，卻又頻頻看手機

妳是否有過「男友回訊息的速度時快時慢」或是「我人就在他旁邊，傳照片過去他卻沒發現」之類，讓妳覺得「奇怪？為什麼會這樣？」的經驗？

而且，明明他動不動就拿手機出來滑，卻沒有回妳LINE的訊息。

沒察覺到妳的訊息是因為他把LINE的通知功能關了。問題在於，為什麼要關掉？

關閉通知其實很常見，原因也五花八門，像是「想專心工作」、「想在自己高興的時候才看」等等。但也有不少人是因為「不想被人看見訊息內容」而選擇關閉通知。

跟女朋友一起用手機看影片時，如果手機螢幕顯示了「我好想你～」等的

訊息，那可就死定了。

因此，有些人可能會把通知設定成只顯示「你有新訊息」。這樣的話，就算跳出通知，也不用擔心訊息內容被看到。

但是，**真正的渣男會做得更徹底，把所有通知都關閉。**不過，這種做法有許多壞處。

如果關閉通知，訊息往來勢必會有所延誤，萬一對方是自己正在追求的女生，也難以馬上回覆。這種事在意歸在意，**但渣男最怕的是和女友在一起時，被她發現有人一直傳訊息來。**無論是偷吃的證據，或有可能害自己被抓包的蛛絲馬跡，都要用盡心思及早消滅。

因此，渣男會選擇關閉通知這種極端、而且風險最低的方法。

但這樣做有個問題，那就是容易沒注意到最應該馬上回覆訊息的對象——女友傳來的訊息。

如果沒做虧心事的話，讓女友看到自己和同事或其他朋友的對話內容也不會怎樣。刻意將對話徹底隱藏起來，反而露出了渣男的狐狸尾巴。

渣男度

10

【對策】

渣男為了隱藏自己偷吃的證據會採取極端做法。常常在滑手機，卻很慢回覆 LINE 訊息的男人，是為了避免自己和其他女人的對話被發現，而將通知關閉了。

不告訴剛認識的女生他的名字

這個時代光是想在網路上認識異性，就有社群平臺、交友配對 App 等各式各樣的方式可以達到目的。

認識異性固然令人興奮，但由於對另一方所知太少，很容易出現被騙的事情。要比喻的話，就像是產地不知道是哪裡的蔬菜，不清楚對方底細的話會讓人感到不安，而且要是對方有心，各種欺騙手段都使得出來。

如果是學校同學或公司同事，由於是同一個社群中的人，有很多方法可以確認對方是否在說謊。我們信任一個人的程度是和跟對方相處的時間成正比的，若認識很久了，至少能判斷對方是不是渣男。

但是，透過聯誼或在網路交友，我們擁有的情報就很少了。就算對方說什麼好聽的話，也不知道他心裡打的是什麼主意。搞不好對方其實是個戴著好人面具的渣男。

在還不清楚對方究竟是怎樣的人時，最要特別注意的是「不告訴妳真實姓名」的男人，像是只說自己的姓或名、綽號等等。

如果是在輕鬆、直來直往的氣氛下認識的異性，只說綽號或沒有告知全名也不會讓人感覺不自然。

至於死命堅持不肯告知全名的男人，則是因為害怕會在網路上被搜尋到。他不希望妳用搜尋到他的臉書等等，看到不該看的東西。

舉例來說，像是他已經結婚了，卻還來向妳搭訕之類的。他的臉書好友中一定會有自己的老婆，動態上也會有跟小孩的合照等內容。而且，社群平臺上的互動對象還包括了公司同事或上司，若是在拈花惹草時認識的女人進到這個圈子，會是非常麻煩的事。

雖然，現在這個時代對於個資非常敏感，但想約妳出去吃飯的人要是連自己的全名都不肯說的話，肯定是個渣男，妳可以當他只是想玩玩。

如果不知道該在什麼時機詢問對方的名字，只要說「我們來玩姓名占卜吧」，絕大多數的姓名占卜都會需要知道姓名的筆畫數。因此妳就以要占卜彼此合不合得來為由，拿紙筆出來請他寫下名字。他要是很明顯地不想寫的話，代表絕對有鬼。

除非對方是什麼知名公眾人物，不然把自己的名字告訴妳根本不會怎樣。

渣男度

50

【對策】

剛認識的男人如果不肯告訴妳真實姓名，就得要提防了。有可能他是不想讓妳搜尋到什麼他不希望被人知道的東西。

渣男常出現的毛病

6

クズ

05

渣男戀愛講座

越希望男友溫柔體貼的女人越容易偷吃

許多女生都會說「我喜歡溫柔體貼的男人」。

男人便信以為真，對女生百依百順，表現出「溫柔體貼」的樣子。像是開車接送女生啦、請女生吃飯啦，一起走路時讓女生走在內側等等。

如此一來，女生會錯把自己嘗到的甜頭當成是「溫柔體貼」。

可是，這裡面有一個巨大的盲點。

妳會拿對方是否言聽計從決定對方愛不愛自己，對方是否願意讓妳耍任性來判斷該不該交往。妳反覆在腦中模擬跟對方在一起是否會幸福。既然對方很「溫柔體貼」，就算自己的決定錯了，應該也不會不幸福吧。

結果開始交往後才過三個月，妳就厭倦了這種「溫柔體貼」，認為這是「老套」，不久之後就開始向女性友人抱怨「沒有新鮮感」。

當「溫柔體貼」不再是「溫柔體貼」了，妳便會轉而尋求「新鮮感」。

所謂的新鮮感，就是和男友不同類型的男人。妳會被「霸道」的特質吸引，覺得這種差別具有無法抵擋的吸引力。

別的男人身上剛好有現在男友所缺少的東西。

於是妳從單純偷吃變成動了真感情，精神和肉體雙雙出軌。妳會因為一點小事就嫌棄男友，甚至有些瞧不起他，一面隱瞞自己劈腿的事實，一面抱怨「最近跟你在一起都很無聊」。到了這時候，妳已經完全想不起自己當初是基於什麼心態說出「我喜歡溫柔體貼的男人」這番話的。

所謂的「喜歡溫柔體貼的人」，差不多跟「雖然我喜歡相處起來輕鬆、不會對我發脾氣的人，可是如果我覺得膩了而偷吃的話，也不可以生氣喔」是同樣的意思。

人幾乎不會因為看得見的溫柔體貼，就真的喜歡上另一個人。

真正令人心動的「溫柔體貼」，是需要時間一點一滴慢慢展現的。

越是容易對一下就會膩的「溫柔體貼」投懷送抱的女人，其實越容易走上偷吃這條路。

明明不是名人，卻要妳「不要太高調」

人一旦交到了男女朋友，都會恨不得告訴全世界。

因為我們會希望和別人分享談戀愛的喜悅，或是享受被人羨慕的感覺。但有一種渣男會要求妳壓下這個念頭。

妳跟他正式開始交往後，在第二次約會時去了他家。正當妳開心可以看見對方私底下的樣子時，他突然對妳說：

「不要跟太多人講我們在交往的事喔。我不想被別人拿來消遣，最討厭這種事了。」

突然聽到這種話，妳一定覺得被潑了冷水吧。如此一來，妳不僅無法向朋友曬恩愛，也會懷疑在男友心目中，自己有那麼見不得人嗎？

對渣男而言，被別人消遣根本不痛不癢，既不討厭也沒有任何感覺。

他的真心話是，其實妳認識的人之中有他的劈腿對象，或者是他看上了妳的朋友，想要偷吃。

講得更簡單點，就是他在打妳身邊人的主意。妳如果毫不避諱地向朋友大談妳們之間的事，會讓他不好下手。要是被別人知道了你們的關係，就騙不到原本可以騙到手的女生了。

這種不希望狩獵範圍變小的渣男大概到了第二次約會時，就會製造出嚴肅的氣氛，並措辭強硬地警告妳「不要太高調」。

當他說出了這番話，妳就可以知道渣男根本沒有珍惜妳的打算，而且很遺憾地，妳大概也不是他的頭號目標。

不知道他是留妳當備胎，或是因為一時興起才跟妳交往的，但總之很難說他是認真在跟妳談感情。

想把戀情昭告天下是很正常的事，跟身邊的人分享自己的快樂、喜悅也能滿足想要被認同的需求，照理來說應該會讓人心情愉悅。如果對方打從一開始就阻止妳享受這絕妙滋味的話，或許可以解讀成純粹是因為他太渣了。

剛開始交往時，不論妳是多麼滿心期待、雀躍不已，萬一聽到對方說這種話，建議妳還是冷靜下來再好好想想。

男人這種生物一旦和正妹交往了，一定會逢人就炫耀。

渣男度

10

【對策】

明明不是名人，卻叫妳對你們交往的事「低調」，試圖隱瞞的男人是渣男。或許他的劈腿對象就是妳認識的人有什麼見不得光的事。

喜歡大方請客的男人

約會時，相信女性多少都會期待男方出錢請客。如果被問到會大方請客的男人跟ＡＡ制的男人哪種比較好，女人肯定都會覺得前者較好。

但這件事最重要的是男人應該「用自己賺來的錢請客」，就算付錢的時候再大方、口氣再大，如果其實是住家裡、拿媽媽給的錢來請客的話，就只是個渣男。

妳可能覺得怎麼會有這種人，但還真的就有。根據我個人做的調查，二十多歲的男性有三成會拿父母的錢請客。

我念大學時的一名男同學有很多女性朋友。幾乎每天上完課，他就找人一起去喝酒。他家裡很有錢，因此父母認為與其去打工，還不如把時間拿來做更有用的事，於是給了他一張提款卡讓他隨便用。大家都在背後叫他「提款機」。

如果家境夠富裕，自己也高興請客的話或許還無妨，**但如果被人稱為「提款機」，人際關係都是建立在金錢上，那就很悲哀了。**

還有一種更渣的軟飯男，會用一個女人給的錢去幫另一個女人付錢。因此，越是表現得大方、愛請客的男人，越要留意他的錢是哪裡來的。

最快分辨對方金錢來源是否可疑的方法，就是問他的職業。我建議妳詢問看看對方目前的工作是什麼。若對方含糊其辭、交代不清，或講不出具體內容的話就得特別注意。如果只是「嗯，還滿不錯的」完全不著邊際的回答，妳就該懷疑，或許他請客裝闊的錢其實都是別人給的。

或許妳會覺得沒有必要為了面子而請客，但其實越是這種男人，越怕被別人覺得自己小家子氣。

就算跟這種提款機般的男人交往，妳也不會得到任何正面收穫。

渣男度

20

【對策】

不管表現得多大方，如果花的不是自己的錢，這種男人一樣是渣男。要請客的話，應該用自己賺來的錢。被人視為「提款機」，存在價值只剩下金錢的人際關係是很悲哀的。

三種方法教妳分辨愛吃醋、心胸狹窄的男人

❶ 雙重標準

我可以的事情妳不行。
我可以玩交友軟體，但是妳不可以。
凡事都是我說了算。

❷ 要求女友刪除男性友人的聯絡方式

女友不照做的話就會整天提心吊膽。

❸ 規定女友的穿著

不准女友穿得太露，以免吸引到別的男人。

臨時要妳隔天請假陪他

對渣男而言，地球不是繞著太陽轉的，而是一艘載著自己進行星際旅行的太空船。

他們覺得世界上的一切都是自己的財產，只要一有不順心的事，馬上就會不爽。渣男就是這種大人身體裡裝著小學生頭腦的生物。

這樣的渣男會在晚上感到寂寞時聯絡妳。

這種聯絡就像太空船船長在對船員下指令一樣，簡潔到不行。

而且，他還會提出「妳明天請假不要去上班啦」這種無理的要求。

一般人都會覺得，沒有什麼大事就不要隨便請假，但渣男還是會要妳請假。

妳當然會說「不行啦，我要去上班。」

渣男的回答則是「有什麼關係？請一天而已。」如果有事沒事就請假，那乾脆都不要去上班好了，竟然連這個道理都不懂，想必渣男以為這跟打工沒什麼兩樣吧。話說回來，這種人打工的工作態度一定也很差。八成會因為無故曠職、上班時滑手機之類的理由被開除。

總之，渣男要全世界都配合自己，所以覺得妳也應該照他的意思做，不去工作只要請假就好了。雖然要求妳請假，可是他也沒有要帶妳去哪裡，只是窩在家裡而已。

這種人就是肚子餓去便利商店買東西都嫌麻煩，所以希望有人煮飯給自己吃；也懶得把晾在外面的衣服收進來摺好，想要有人幫自己做這些事之類的，就是這麼好吃懶做。

這些日常大小事做起來實在太麻煩了，所以他希望妳請假，幫他一一打理好。

如果妳覺得「啊～真可愛，他沒有我不行呢」的話，千萬要小心，妳就是典型的會被渣男騙的女人。

渣男之所以能夠生存，就是因為有人會餵養他們。「請假一天啦」這句話裡面絲毫沒有對妳的愛及體貼。他不是真的需要妳，只是單純希望身旁有另一個人的體溫而已。

不要太容易答應渣男的要求，妳應該開始練習如何嚴格對待渣男。

渣男度

90

【對策】

晚上才聯絡妳，然後要求妳「明天請假不要去上班啦」的男人是渣男。他只是寂寞而已，未必是真的需要妳，不可以輕易滿足渣男的要求。

女友付錢是理所當然

和女友去便利商店買東西時，完全不想帶錢包出門的男人是渣男。

你們各自去挑選自己要買的東西，男友一面問妳要買什麼，一面若無其事地把自己要吃的冰淇淋和可樂放進妳的購物籃。

這一連串的動作實在太過自然，甚至讓人以為那些東西是他幫妳拿的。

妳心想，「他大概是嫌拿在手上太麻煩，所以才放進籃子的吧？」但到了要付錢的時候，他卻絲毫沒有要拿錢包出來。

不僅如此，他連「先幫我付一下」都沒說，好像你們一開始就已經說好了，不知不覺變成妳在結帳。

妳懶得跟他討幾百元的小錢，也不想被當成斤斤計較的吝嗇女，因此無法開口跟他要錢。心裡雖然有點疙瘩，但回家路上兩個人牽著手聊天，聊一聊妳也就忘記這回事了……妳是否有過這樣的經驗？

去買東西時自己不掏錢出來，反而讓女友幫忙付錢。習慣性自然而然做出這種事的男人實在沒出息。

原因在於，雖然只是幾百元的小錢，他卻一絲一毫沒有顧慮到女友的心裡是不是會不舒服。**這種連別人微小的情緒都不願正視的男人，會慢慢變得越來越離譜**。他的金錢觀及面對錢的態度這輩子大概也不會有任何改變，渣男一輩子都會是渣男。

從這件事也可以看出來，他已經很習慣「反正有人會幫我付錢」這種吃軟飯的思維了。

一起去便利商店時，透過這些小地方就能看清渣男的本性，要記得好好觀察。

渣男度

10

【對策】

和女友一起去便利商店時不帶錢包，覺得女友幫自己付錢是理所當然的男人是渣男。這時候要特別注意，他心裡已經形成「反正有人會幫我付錢」的觀念了。

脫渣技巧17

心意不對等的情侶該如何經營感情？

就是要了解彼此對於「喜歡」的單位是不同的。即使同樣是「一」，一公分和一英寸就不是相同的長度。同樣的道理，每個人衡量「喜歡」也有不同的標準。不要單純看數字，而是要用對方的「單位」來看。

喜歡用CP值衡量所有事物

在不受女性歡迎的男人排行榜中，「對小事斤斤計較」一定名列前茅。所謂的小事也有很多種類，這裡要談的是過分計較「CP值」的男人。

基本上我很討厭CP值這個詞。大家應該都知道，這是「Cost-Performance Ratio」的簡稱，也可以稱為性價比。

這個詞原本是「既然要選，那就選個性能表現比較好」的意思，但我總覺得現在已經變成「能讓我占到多少便宜」，帶有奸詐的感覺。

如果連那些不是「只要能占便宜就好」的事情都要套用CP值，只會讓一個人的眼界越來越小。

舉例來說，**連談戀愛和人際關係都要用CP值來衡量的男人，絕對不要**

交往。

旅行地點要看CP值，在外面吃飯也要看CP值，就連約會地點都要計較CP值。

「那個地方有點遠，帶來的快樂大概只有這麼多吧。」

「既然如此，旁邊的這個地方勉強還算好玩，CP值應該比較高吧。」如果連跟女朋友在一起時都要像這樣計較CP值的話，就太超過了。

當然，這種精打細算的心態在某些時候是不錯，但如果要形容跟異常堅持CP值的男人在一起是什麼感覺，大概就像窒息那樣令人喘不過氣。

一旦某樣事物沒有表現出CP值就不予以認同的話，會體驗不到隱藏在無效率之中的新發現，或繞遠路時意外遭遇的驚喜。

連兩人的相處也要用CP值衡量的窮酸男，遲早會過度干涉妳的生活，連妳怎麼用錢或是跟朋友的往來也要管。

既然要選，那就應該選一個能為妳帶來意想不到的樂趣，心胸更寬闊的男人。

渣男度

20

【對策】

對於戀愛或人與人的相處都要用「CP值」來衡量的男人，很遺憾地，同樣是渣男。要當心平時言談間就愛講「CP值」這個詞的男人。

媽寶肯定是渣男

重視家人並沒有什麼不好。

我覺得這是一件好事。但是，對家人的情感有時會令一個男人變成渣男。

請妳想像一下這個情境。

妳和男友老早之前就喬好了時間，要在這個週末約會，對此非常期待。

但就在前一天晚上，當妳還在開心地挑著明天要穿什麼衣服時，男友傳訊息來了。

「抱歉，我媽說最近是流感高峰，叫我明天不要出門了，我們改天再去吧。」

想必妳的內心滿是難以言喻的鬱悶。是，妳了解。妳當然了解。妳也知道如果感冒了可不是好事，外出的話感冒的風險就會變高。

男友說的話一點也沒錯，妳要是生氣的話反而成了壞人，好像覺得因為跑出去玩結果感冒也無所謂一樣。妳的內心大概會像這樣充滿糾結。

但我還是要說，這種男人是渣男。我來把妳心裡的那種鬱悶解釋清楚吧。我猜妳最想說的，應該是「不會自己決定嗎！」這句話吧。

令妳生氣的，肯定是他竟然就這樣照著媽媽的話去做，取消了約會，而不是什麼感冒不感冒的。最讓人看不下去的就是這種媽寶。

這種渣男絕不是壞人，他只是在這樣的價值觀下成長、生活而已。但是，對父母的價值觀唯命是從，完全沒有自己想法的男人在發生婆媳問題時，一定會馬上幫自己媽媽說話。明明不論發生什麼事，他都應該站在妳這一邊的。

孝順父母、盡量聽媽媽的話都是理所當然的事。十幾歲的學生也就罷了，但如果都出社會或已經成年了，卻還以父母的話做決定，勸妳最好多想一下要不要跟這種男人在一起。

光是不獨立就已經夠渣了，**跟這種男人交往的話，很有可能他會覺得女朋**

友再交就有了，但媽媽是無可取代的。

其實這種人用「媽寶」這個詞就可以總結了，但重點是不會自己思考這件事，恐怕會影響到你們未來的相處。

渣男度

20

【對策】

一把年紀了卻還不能自己判斷，依賴父母的男人是渣男。重視家人固然是優點，但不管什麼事都對家人百依百順的話，很可能代表他根本不夠獨立。

如何脫離「不斷付出卻仍然得不到愛」的困境？

脫渣技巧18

只為對方做妳自己開心的事。一旦心裡存在「我是在為他付出」的想法，妳就會期待對方的感謝或回報。如此一來，對方只會想逃。

把自己複製成崇拜的人

男人是一種容易被他人影響的生物，當有了偶像的時候，一頭栽進去的程度會讓人大吃一驚。

這種現象本身絕非壞事。從崇拜的對象那邊吸收各式各樣的想法其實很好，但如果太過頭可是會變成渣男的。

我以前有個同學就像這樣，穿著打扮突然出現一百八十度的轉變。我不太清楚他的偶像是誰，但他連說話方式也變得不一樣；原本沒有配戴飾品的習慣，結果也開始戴上大大的骷髏戒指，開口閉口就是「女人」這個詞。

他大概是崇拜某個搖滾歌手才變這樣的吧。回想起來雖然有趣，但當時我也曾納悶，「以前的他跑到哪裡去了？」過一陣子之後，他那種刻意模仿他人的樣子實在讓人越看越難過，儘管覺得「你給我清醒過來啊！」卻又不敢跟他本人說。這個朋友最後改走雷鬼風造型，時常跟辣妹混在一起。

有一種人就會像這樣，過度將自己跟崇拜對象重疊在一起，想完全變得跟對方一樣。這種影響如果是展現在提升自我的正面方向倒無妨，但要是把完全複製對方這件事當成了目的，就只是單純的「搞不清狀況」了。也就是所謂的中二病過頭。

無法接受「就算能在某些地方跟偶象相似，也不可能真的變成對方」這個事實，只會一直模仿的話，會對此形成依賴。

所謂的藝人，本來就是因為有過去的人生閱歷或作品背書，說出來的話、做出來的事才會有說服力。受到影響的人就算能完美複製崇拜對象的外表，看起來還是很虛，只會讓自己變成沒內涵的草包。

容易受他人影響的男人，也很容易同時對某種事物形成依賴。相信這種人大概也三天兩頭就會推翻自己前一天才說過的話吧。因為沒有內涵，所以也不懂得即興發揮。另外也常常只會講大話，實際上卻毫無作為。

凡事都自己親身體驗、自己思考，就算吃盡了苦頭也沒有迷失自我，這樣的態度才是最帥氣的。希望大家多加留意，別被做人做事搖擺不定的男人給耍得團團轉。

渣男度 10

【對策】

受自己崇拜的藝人影響太深，每件事都想模仿對方的男人是渣男。容易受他人影響的男人通常也很容易對某些事物形成依賴，要小心別被他們玩弄了。

失戀時絕對不能做這四件事

脫渣技巧19

・思考「我有哪裡不好？」、「為什他要跟我分手？」
・問對方能不能復合。
・與對方見面。
・認為「我就只有他了」、「他是我的真命天子」而感到捨不得。

妳可能在被狠狠甩掉的夜晚想過，「這個世界上完全沒有需要我的人」，或在知道自己暗戀的人有女友後，決定「我再也不要談戀愛了」。我們明明不談戀愛也不會死，但愛情會讓我們感覺活著。冷靜想想，這種自討苦吃的行為還真有點滑稽。

社群平臺上每天都有因失戀而痛苦、受傷的人傳訊息給我。每個人都不約而同地問我，「有沒有方法可以脫離這種痛苦？」如果我知道的話，當然願意分享。但因為我不知道，所以無法給予建議，只能閱讀這些訊息，然後在心裡默默地說「加油」。

當我準備考大學的前一個月被甩了，因此完全讀不下書。我對班上和我前女友開心聊天的男同學嫉妒得要死，一直持續到畢業，最後沒考上大學。那是我人生中最鬱悶的一段時間。

準備重考的期間，我曾經跑去前女友工作的甜甜圈店想跟她見一面。她看我的眼神就像見到了某種讓她打從心底噁心的生物般，臉上的表情帶有著許害怕及輕蔑，不知該如何形容。為了避開我，她找其他店員站收銀，然後躲進了廚房。

那時我終於意識到，「哦，原來現在的我很噁心啊。」

失戀時，我只想著不惜一切也要復合，以為只要堅持下去，總有一天她會明白我的心意；就算她沒有回覆，我也一直傳一堆噁心的簡訊給她。但我在不知不覺間變成了一個噁男，只是把失戀當藉口，自怨自艾罷了。

我並不清楚失戀這件事有什麼意義。

或許具有非常重大的意義，也有可能其實毫無意義，就只是單純的痛苦。但對於這次失戀，我現在的感想是，「有過當噁男的經驗」是一件很重要的事。對感情認真到受傷後會變成噁男的地步，認真到失戀後對於自己做出噁男的行為也不以為意，然後領悟到不能再繼續這樣當噁男。

那天，我一面想著要讓自己成為一個更有魅力的人，一面拿著完全引不起我食慾的甜甜圈，搭上電車回家。

老實說，跑去甜甜圈店找前女友的這件事，在我建立自己的戀愛觀時有很大的影響。

其實我是個非常遜的人，遜到我對各位讀者覺得很不好意思。

但我並不是抱著自以為什麼都懂的心態寫這本書的。希望大家了解，其實我和大家一樣，不斷苦思、滿懷著煩惱，好不容易才寫出書中的內容。

雖然我在前面分析了各種渣男的行為、給予戀愛上的建議，但到頭來，當我們遇到吸引自己的事物時終究會心動，露出自己笨拙的一面，努力設法追求更美好的人生。

最後，我要送一段我很喜歡的話給大家。

「說不定有一天，妳會遇到妳的真命天子。

為了那一天的到來，妳要讓自己越美麗越好。」（可可・香奈兒）

期待有緣再與大家相會。

國家圖書館出版品預行編目資料

渣男辨識術：脫「渣」必看！42 種辨別「隱藏渣男」方法，戀愛斷捨離 / かずま 作；甘為治譯. -- 臺北市：三采文化股份有限公司，2021.02
面； 公分. -- (Mindmap)
ISBN 978-957-658-478-7(平裝)

1. 戀愛心理學 2. 兩性關係

544.37014　　109020779

suncolor 三采文化集團

Mind Map 220

渣男辨識術：

脫「渣」必看！42 種辨別「隱藏渣男」方法，戀愛斷捨離

作者｜一馬（かずま）　譯者｜甘為治
責任編輯｜朱紫綾　美術主編｜藍秀婷　封面設計｜池婉珊
內頁排版｜中原造像股份有限公司
版權選書｜劉契妙

發行人｜張輝明　總編輯｜曾雅青　發行所｜三采文化股份有限公司
地址｜台北市內湖區瑞光路 513 巷 33 號 8 樓
傳訊｜TEL:8797-1234　FAX:8797-1688　網址｜www.suncolor.com.tw
郵政劃撥｜帳號：14319060　戶名：三采文化股份有限公司
本版發行｜2021 年 2 月 26 日　定價｜NT$380

MOTOKANO NO HEYA NI WASUREMONO WO TORI NI KAERU OTOKO WA KUZU · OF · KUZU
© Kazuma 2020
First published in Japan in 2021 by KADOKAWA CORPORATION, Tokyo. Complex Chinese translation rights arranged with KADOKAWA CORPORATION, Tokyo.

著作權所有，本圖文非經同意不得轉載。如發現書頁有裝訂錯誤或污損事情，請寄至本公司調換。All rights reserved.
本書所刊載之商品文字或圖片僅為說明輔助之用，非做為商標之使用，原商品商標之智慧財產權為原權利人所有。